Tina Kresse, Susanne McCafferty

Anschluss finden

Deutsch

Wortschatztraining

Vorkurs Teil II

II

W0323025

Name: ____________________________

Klasse: ______________

Thema	Seiten	Datum	War das ...?
Vorstellung, Herkunftsland	4 – 7		☺ 😐 ☹
Essen und Trinken	8 – 19		☺ 😐 ☹
Einkaufen	20 – 24		☺ 😐 ☹
Zu Hause	25 – 38		☺ 😐 ☹
Das Wetter	39 – 42		☺ 😐 ☹
Der Jahreskreis	43 – 50		☺ 😐 ☹
Die Uhrzeit	51 – 54		☺ 😐 ☹
Verkehrsmittel	55 – 58		☺ 😐 ☹
Sport	59 – 61		☺ 😐 ☹
Das kannst du jetzt alles	62 – 64		☺ 😐 ☹

Mildenberger

Inhalt

Für einen erfolgreichen Lernweg der Schülerinnen und Schüler, in deren Familien nicht oder nur fragmentarisch Deutsch gesprochen wird, ist es von zentraler Bedeutung, dass sie lernen, die deutsche Sprache korrekt zu verwenden. Diese Kinder verstehen zwar gut Deutsch. Beim Sprechen und Schreiben jedoch unterlaufen ihnen viele Fehler, vorwiegend im Bereich der Artikel und Deklinationen, bei der Verwendung der richtigen Präpositionen und bei der Konjugation der Verben. Da es später kaum möglich ist, diese Fehler zu verbessern, ist es für diese Kinder sinnvoll, dass sie möglichst im Grundschulalter die deutsche Sprache noch einmal von Grund auf erlernen. Dafür ist das „Wortschatztraining Deutsch" eine hervorragende Möglichkeit.

Der Einsatz der Übungshefte „Wortschatztraining Deutsch" ist unabhängig von Zeitpunkt, Alter oder Schuljahr der Schülerinnen und Schüler. Die Hefte I und II werden nacheinander im Lerntempo der Kinder bearbeitet. Schülerinnen und Schüler der Klassenstufen 2 bis 6 können das Material verwenden. Aber auch ältere Jugendliche oder Erwachsene, die sicherer im Deutschen werden wollen, können sich damit die Grundlagen noch einmal erarbeiten.

Damit die Kinder beim selbstständigen Arbeiten die Wörter und Sätze richtig aussprechen können, liegt die Wörterliste als Hörangebot vor unter:

www.das-uebungsheft.de/1401-58

Verwendung als gemeinsames Unterrichtsmaterial

- Die Themen können mithilfe der Mini-Comics, der dargestellten Situationen oder der Einzelbilder zusammen im Unterricht erarbeitet werden. Durch reale Gegenstände, durch besuchte Orte oder durch Bildmaterial (z. B. „... richtig so!") wird der Wortschatz veranschaulicht und geübt. Die Lösungen können entweder gemeinsam eingetragen oder besprochen und dann von den Kindern selbstständig ausgefüllt werden.
- Die Kinder erarbeiten sich in Partner- oder Kleingruppenarbeit die Geschichten und Situationen selbst. Gemeinsam finden sie die Lösungen, tragen sie ein und überprüfen mithilfe der Lösungsseiten. Der Wortschatz kann mit der Wörterliste und bezüglich der Aussprache mit dem Hörangebot kontrolliert werden unter:

  www.das-uebungsheft.de/1401-58

Verwendung als selbsterklärendes Differenzierungsmaterial

Die Wörter und Wendungen werden im Übungsheft mithilfe von Bildern und Mini-Comics eingeführt und erläutert. Dann werden sie von den Kindern geschrieben. Dies können viele Kinder vollkommen selbstständig und im eigenen Rhythmus erledigen.

Drei weitere Differenzierungen sind möglich:

- Die Inhalte werden zuvor im Unterricht erarbeitet. Die Kinder tragen dann die Lösungen selbstständig ein und kontrollieren mithilfe der Lösungsseiten.
- Die Kinder lesen zunächst die Lösungen. Dann legen sie diese beiseite und bearbeiten schriftlich die Aufgaben – und überprüfen wieder mit den Lösungen.
- Die Kinder übertragen die Lösungen direkt in ein Übungsheft. Danach üben sie mit einem zweiten Heft, in dem sie selbstständig arbeiten.

Der farbige Silbentrenner beim Lesen und Schreiben

Silben sind die Bausteine der deutschen Wörter. Die zweifarbige Markierung in Blau / Rot macht die Struktur der deutschen Schrift sichtbar. Das erleichtert das Lesen und das Leseverständnis. Um das richtige Schreiben von Anfang an zu unterstützen, sollten die Kinder auch in zwei Farben schreiben. Weitere Informationen zur Silbenmethode unter:

www.silbenmethode.de

Farbliche Hinterlegung der Artikel

Die Artikel folgen im Deutschen keiner Regel. Damit sie von Anfang an gemeinsam mit dem Nomen erlernt werden, sind sie in den Übungsheften farblich unterlegt, ebenso die Possessivpronomen und die unbestimmten Artikel (siehe Beilage). Es empfiehlt sich, Gegenstände im Klassenzimmer, verwendete Wortkärtchen oder Realmaterial mit Klebepunkten in den drei Farben zu kennzeichnen. Dadurch prägt sich der passende Artikel im Unterbewusstsein ein.

Weitere Markierungen

Da die Kinder über unterschiedlich entwickelte Spracherwerbsstrategien verfügen, werden systematisch Regelmäßigkeiten (z. B. bei Verben die Personalendungen) so kenntlich gemacht, dass die Schülerinnen und Schüler, die bereits bewusst die deutsche Sprache lernen, auch die für sie notwendige Unterstützung erhalten. Noch intuitiv-imitativ lernende Kinder können auf ihre Weise lernen, da sie durch nützliche Redewendungen und den benötigten Wortschatz schnell sprechen und interagieren können.

Wortschatz

Das Übungsheft „Wortschatztraining Deutsch" vermittelt einen Basiswortschatz, der die Anforderungen aller Lehrpläne für Deutsch als Zweitsprache beinhaltet.

Motivation und Reflexion

Nach jeder Seite, die die Kinder erfolgreich bearbeitet haben (Selbstkontrolle oder Überprüfung durch die Lehrperson), dürfen sie als Belohnung den Sticker der entsprechenden Seite auf die richtige Stelle im Wimmelbild am Ende des Heftes kleben. Zum Schluss können mithilfe des ganzen Bildes die Fragen auf Seite 64 beantwortet werden.

Am Ende jedes Kapitels reflektieren die Kinder ihren Spracherwerb: In die Tabelle auf Seite 1 tragen sie das Datum der „Vollendung" ein und überlegen, ob diese Seiten für sie (jeweils mit dem Smiley) einfach, mittelmäßig oder schwierig waren.

Beilagen zum Herausnehmen

- Lösungsheft
- Stickerbogen
- Wörterliste mit Online-Hörangeboten: www.das-uebungsheft.de/1401-58

Woher kommt sie / er?

1

2

Deutschland	Polen	Iran
Schottland	Türkei	Pakistan
Eritrea	Amerika	Rumänien
Griechenland	Russland	Israel
		Georgien

3

Diana kommt aus Polen. Sie wohnt in Neustadt.

Aisha ______________ aus dem _________. ____________________ auch ____________________.

Joshua ______________ aus _______________. _________________ auch ____________________.

Anna und Michael kommen aus _______________________.

Peter, Sophie und Lisa ________________ aus ______________________.

Leyla kommt aus der Türkei.

Buruk kommt aus __________________.

Karia kommt ________ __________________.

Ioannis kommt aus Griechenland.

Paul kommt ________ __________________.

Jakob kommt ________ __________________.

1

Das ist Lisa aus Deutschland. 

Das ist ihr Hase.

______ ______ Anna aus ______________. 

______ ______ ihre ______________.

______ ______ Aisha aus dem ______________. 

______ ______ ______ ______________.

______ ______ Diana aus ______________. 

______ ______ ______ ______________.

______ ______ Karla aus ______________. 

______ ______ ______ ______________.

2

Das ist Jakob aus ______________. 

______ ______ seine ______________.

______ ______ David aus ______________. 

______ ______ sein ______________.

______ ______ Ioannis aus ______________. 

______ ______ ______ ______________.

______ ______ Paul aus ______________. 

______ ______ ______ ______________.

______ ______ Joshua aus ______________. 

______ ______ ______ ______________.

3

______ ______ Leyla aus der ______________. 

Sie hat **kein Tier**.

In welcher Straße wohnst du?

1

2

______ ______________ ______________ ______________ ______, Joshua?

Ich wohne in der Blumenstraße.

______________ ________________________ ______ ________ ____________?

Mein Haus hat die Hausnummer 8.

______ ______________ ________________ ____________ ______?

Ich gehe in die Regenbogenschule.

3

In welcher Straße wohnt ihr, Anna und Michael?

________ ______________ ______ Einsteinweg.

Welche Hausnummer hat euer Haus?

__________ ____________ ______ ______ ________________________ 12.

In welche Schule geht ihr?

________ __________ ______ ______ ____________________________________.

1

Guten Morgen.
Wie heißt du?

Guten Morgen.
Ich heiße Leyla.

____
____________ ________?

Ich komme aus der Türkei.

________ ____________ ________?

Ich wohne in Neustadt.

________ ________
________ ________?

Nein, ich habe kein Tier.

2

Und du? Wie heißt du?

Ich ____.

Wie alt bist du?

____.

Woher kommst du?

____.

Wo wohnst du?

____.

In welcher Straße wohnst du?

____.

Welche Hausnummer hat dein Haus?

____.

In welche Schule gehst du?

____.

Hast du ein Tier?

____.

Was trinkst du?

1

2

 die _ _ _ _ _

 ______ _ _ _ _ _

 ______ _ _ _ _

 ______ _ _ _ _ _ _ _

3

 ______ _ _ _ _ _ _ _ _ _ _ _

 ______ _ _ _ _ _ _ _ _ _

 ______ _ _ _

 ______ _ _ _ _ _ _

 ______ _ _ _ _ _

 ______ _ _ _ _ _

 ______ _ _ _ _ _ _ _ _

 ______ _ _ _ _ _ _

4

Lisa trinkt **den** Orangensaft.

Anna trinkt ______ ______________.

Diana trinkt ______ ______________.

Ioannis trinkt **die** Milch. ⚠

Michael trinkt **das** Wasser. ⚠

Der Vater trinkt ______ ______________.

Die Mutter trinkt ______ ______________.

Jakob trinkt ______ ______________.

1

2

Aisha **möchte** ______________ mit ______________________________ essen.

Ioannis ______________ auch ______________ mit ______________________ essen.

Jakob ____________ ______ __________ ______ ____________ ____________.

Joshua ____________ ________ ________ ____________.

Michael ____________ ______________ ______ ____________________________,

______ __________ ______ __________ ______ ________ __________ ____________.

3

Möchtest du ______ ______ ______ ______ ______? — Ja, bitte. 

______ ______ ______ ______ ______? — ______, ______. 

______ ______ ______ ______? — ______, ______. 

Was möchten sie essen?

1

① Jakob möchte ____________________________ essen und

eine Tasse Kakao trinken.

② Karia möchte ____________________ essen und

____________________________ trinken.

③ Peter möchte ________________ und ____________________

essen und ____________________________ trinken.

④ Paul möchte ____________________________ und

________________ essen und ____________________ trinken.

2

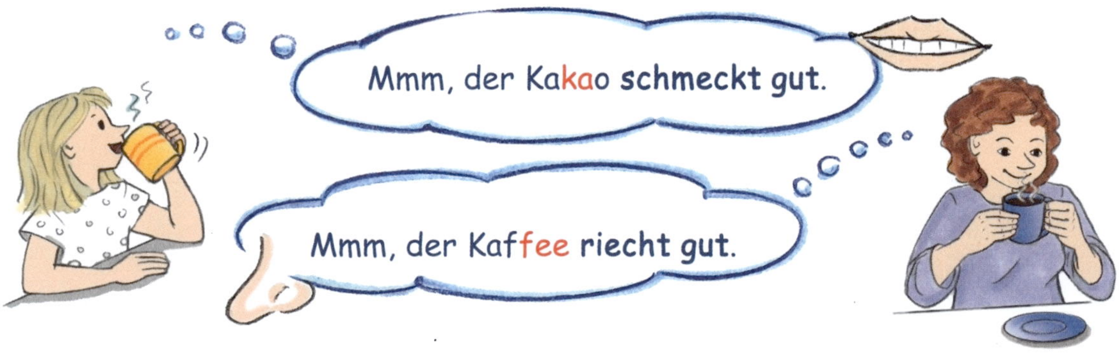

3

1

2

3

Möchtest du eine Zitrone? — Ja, bitte.

__________ __________ __________ __________? — __________, __________.

__________ __________ __________ __________? — __________, __________.

Welches Gemüse magst du?

1

2

die B o h n e	die B o h n e n
die _ _ _ _ _ _ _	die _ _ _ _ _ _ _ _
die _ _ _ _ _ _ _ _ _	die _ _ _ _ _ _ _ _ _ _
die _ _ _ _ _ _ _	die _ _ _ _ _ _ _ _
die _ _ _ _ _ _	die _ _ _ _ _ _ _
die _ _ _ _ _	die _ _ _ _ _ _

3

der _ _ _ _ _ _	der _ _ _ _
der _ _ _ _ _ _ _ _ _ _	der _ _ _ _ _ _ _ _ _
der _ _ _ _	der _ _ _ _ _ _ _

4

Lisa **mag gerne** Zwiebeln. Sie **mag keinen** Blumenkohl.

Sophie ______ ______ ______.

Sie ______ ______ ______.

5

Joshua mag gerne Kohl. Er **mag keine** ______.

Peter ______ ______ ______.

Er ______ ______ ______.

1

süß | sauer | bitter | scharf | saftig | gut | schlecht

2

______ Erdbeere ist ___ ___ ___ .

______ ______________ ________ ___ ___ ___ ___ ___ ___ .

______ ______________ ________ ___ ___ ___ ___ ___ ___ .

______ ______________ ________ ___ ___ ___ ___ ___ ___ .

______ ______________ ________ ___ ___ ___ ___ ___ .

3

die Kiwi | die Melone | der Pfirsich | die Pflaume | die Nektarine

4

Die K i w i ist süß und sauer und saftig.

______ ___ ___ ___ ___ ___ ___ ______ s______ ______ s______ .

______ ___ ___ ___ ___ ___ ___ ___ ___ ______ s______ ______ s______ .

______ ___ ___ ___ ___ ___ ___ ___ ___ ______ s______ ______ s______ ______ s______ .

______ ___ ___ ___ ___ ___ ___ ___ ___ ___ ______ s______ ______ s______ .

5

Die Birne **ist gut.** | Die Birne **ist schlecht.**

Die Kirsche ______ ______ . | Die Kirsche ______ ______ .

Die Tomate ______ ______ . | Die Tomate ______ ______ .

Die Kartoffel ______ ______ . | Die Kartoffel ______ ______ .

Wer mag was?

1 → Seite 13.

① Joshua mag den süßen Mais.

② Er ____ ____ guten ____.

③ Er ____ ____ ____ ____.

④ Aisha ____ ____ ____ ____.

⑤ Sie ____ ____ ____ ____.

⑥ ____ ____ ____ ____ ____.

⑦ Lisa mag keinen ____ ____.

⑧ ____ ____ ____ ____ ____.

⑨ ____ ____ ____ ____ ____.

⑩ Peter mag keine saftigen Tomaten.

⑪ ____ ____ ____ ____ ____.

⑫ ____ ____ ____ ____ ____.

2

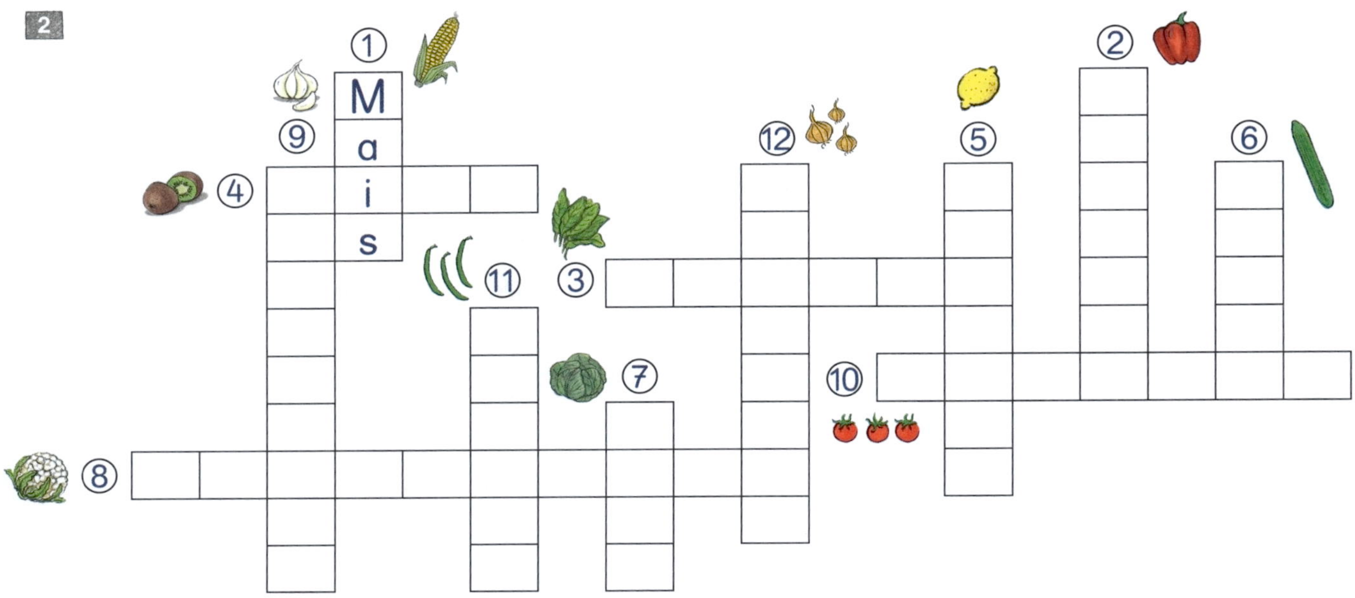

1

2

Aisha, schälst du das Obst? — Ja, ich schäle.

Paul, ________________ du das Gemüse? — ______, ______ ______________.

Diana, schneidest ____ ______ __________? — ______, ______ schneide.

Jakob, ________________ ____ ______ ______________? — ______, ______ ______________.

Anna, rührst ______ den Kuchen? — ______, ______ ______________.

Peter, ____________ ______ die Suppe? — ______, ______ ______________.

Lisa, ____________ ____ ______ ____________? — ______, ______ __________.

David, ____________ ____ ______ ____________? — ______, ______ __________.

Was isst du zum Frühstück?

1

 Müsli
 Marmelade
 Honig
 Brötchen
 Butter
 Zucker

____ B _ _ _ _ _ _ ____ M _ _ _ _ _ ____ M _ _ _ _ _ _ _ _

____ Z _ _ _ _ _ ____ H _ _ _ _ ____ B _ _ _ _ _ _ _

2

 Reis
 Pfeffer
 Ei
 Fleisch
 Salat
 Salz

____ P _ _ _ _ _ _ ____ R _ _ _ ____ S _ _ _

____ F _ _ _ _ _ _ ____ S _ _ _ _ ____ E _

3

 Brot
 Joghurt
 Obst
 Quark
 Käse
 Wurst

____ J _ _ _ _ _ _ ____ Q _ _ _ _ ____ K _ _ _

____ B _ _ _ ____ W _ _ _ _ ____ O _ _ _

4

Zum Frühstück **isst** Anna ______________ mit ______________.

Zum ______________ ______ Leyla ______________ mit ______.

Zum ______________ ______ David ______________ mit ______________.

1

2

die Tischdecke	die Tischdecken
______ _ _ _ _ _	______ _ _ _ _ _ _
______ _ _ _ _ _	______ _ _ _ _ _ _
______ _ _ _ _ _ _ _ _	______ _ _ _ _ _ _ _ _ _
______ _ _ _ _	______ _ _ _ _ _ _
______ Löffel	______ _ _ _ _ _ _ !
______ Messer	______ _ _ _ _ _ _ !
______ Teller	______ _ _ _ _ _ _ !

3

Lisa fragt: „Frühstücken wir gemeinsam?“

Aisha legt die ______ auf ______ ______.

Sophie und Diana ______ ______ ______, ______ ______

______ ______ ______ ______ ______ ______.

Peter und Joshua ______ ______ ______ ______ ______ ______.

Anna stellt ______ ______ ______ ______ ______.

Jakob und Michael ______ ______ ______ ______

______ ______ ______ ______ ______.

Decken wir den Tisch?

1

decken

bestreichen

belegen

einschenken

abräumen

2

Wer deckt den Tisch? — Ich decke ______ ______.

______ bestreicht die Brötchen? — Ich ______ ______ ______.

______ belegt die Brote? — ______ ______ ______ ______.

______ schenkt den Tee ein? — ______ ______ ______ ______ ______.

______ räumt den Tisch ab? — ______ ______ ______ ______ ______.

3

Deckst du den Tisch, Anna? — Nein, Karia deckt den Tisch.

B______ du die Brötchen, Joshua? — Nein, Maria ______ die Brötchen.

B______ du die Brote, Anna? — Nein, Lisa ______ die Brote.

S______ du den Tee ein, Sophie? — Nein, Paul ______ den Tee ein.

R______ du den Tisch ab, Peter? — Nein, Buruk ______ den Tisch ab.

1

Paul

schneidet ☐ das Gemüse ☐ für den Kuchen ☐.

schält ☒ das Obst ☐ für ____ Suppe ☐.

Paul schält ______________________________.

Diana

schneidet ☐ das Obst ☐ für ____ Suppe ☐.

schält ☐ das Gemüse ☐ für ____ Kuchen ☐.

______________________________.

David

backt ☐ das Gemüse ☐ für ____ Kuchen ☐.

kocht ☐ das Obst ☐ für ____ Suppe ☐.

______________________________.

Aisha

legt ☐ die Gabeln ☐ auf ____ Tisch ☐.

stellt ☐ die Tischdecke ☐ auf ____ Haus ☐.

______________________________.

Anna

stellt ☐ die Gläser ☐ auf ____ Tisch ☐.

legt ☐ die Messer ☐ auf ____ Teller ☐.

______________________________.

Peter

deckt ☐ die Löffel ☐ für ____ Mittagessen ☐.

legt ☐ den Tisch ☐ auf ____ Teller ☐.

______________________________.

Joshua

belegt ☐ den Tee ☐ für ____ Abendessen ☐.

schenkt ☐ die Brötchen ☐ in ____ Tasse ein ☐.

______________________________.

Gehen wir zum Bäcker?

1

2

Guten Tag.

_____ _____ _____
_____ _____ _____.

_____, _____.
_____ _____ _____?

_____, _____ _____.

_____ _____.

_____ _____.

_____. _____ _____
_____ _____ _____?

_____ _____ _____ _____.

_____ _____.
_____ _____.

3

 ein Stück

 zwei Stücke

 drei Stücke

 _____

 _____

kostet zwei € Euro.

Einkaufsdialog, Nomen: Singular/Plural, Verben: 1. Person Singular, Höflichkeitsformen

1

Schuhgeschäft

______

Spielwarengeschäft

______

Bäckerei

______

Buchgeschäft

______

______________________ ______________________ ______________________ ______________________

Blumengeschäft

______

Metzgerei

______

Schreibwarengeschäft

______

Bank

______

______________________ ______________________ ______________________ ______________________

2

3

______ Buch kaufen wir **im** ______________________.

______ Schulsachen kaufen wir __________ ______________________.

______ Spielsachen **kaufen** wir __________ ______________________.

______ Schuhe __________ wir __________ ______________________.

______ Blumen __________ wir __________ ______________________.

______ Fleisch und ______ Wurst __________ wir **in der** ______________________.

______ Brot und ______ Brötchen __________ wir **in der** ______________________.

______ Geld holen wir **in der** ______________________.

Was gibt es im Supermarkt?

1

 Waage  Korb  Geld  Geldbeutel

 Einkaufstasche  Kasse  Bonbons  Schokolade

2

______ W _ _ _ _ ______ K _ _ _ ______ G _ _ _ _ _ _ _ _ _

______ E _ _ _ _ _ _ _ _ _ _ _ _ _ ______ B _ _ _ _ _ _

______ S _ _ _ _ _ _ _ _ _ ______ G _ _ _ ______ K _ _ _ _

3

 einkaufen  abwiegen  bezahlen

4

5

Ich _ _ _ _ _ _ ______. Ich _ _ _ _ _ _ ______. Ich _ _ _ _ _ _ _.

6

 ______________ Obst  ______________ Gemüse

1

① Sie kaufen	☒ einen Bleistift	☐ in der Bäckerei.	
	☐ ______ Ball	☐ im Schreibwarengeschäft.	
② Sie kaufen	☐ ______ Apfel	☐ ______ Buchgeschäft.	
	☐ ______ Buch	☐ ______ ______ Metzgerei.	
③ Sie kaufen	☐ ______ Ananas	☐ ______ Spielwarengeschäft.	
	☐ ______ Füller	☐ im Supermarkt.	
④ Sie kaufen	☐ ______ Paar Schuhe	☐ ______ Blumengeschäft.	
	☐ ______ Brötchen	☐ ______ ______ Bäckerei.	
⑤ Sie kaufen	☐ ______ Brot	☐ ______ Blumengeschäft.	
	☐ ______ Ball	☐ ______ Spielwarengeschäft.	
⑥ Sie kaufen	☐ ______ Blumenkohl	☐ ______ Supermarkt.	
	☐ ______ Kuchen	☐ ______ Buchgeschäft.	
⑦ Sie kaufen	☐ ______ Wurst	☐ ______ ______ Bank.	
	☐ ______ Pfirsich	☐ ______ ______ Metzgerei.	
⑧ Sie kaufen	☐ ______ Kuchen	☐ ______ ______ Bank.	
	☐ ______ Melone	☐ ______ ______ Bäckerei.	

Was bekomme ich in welchem Geschäft?

1

Wo bekomme ich das Heft?

Das bekommst du im ______________________________.

Wo bekomme ______ ______ ______?

______ ______ ______ in der ______.

Wo ______ ______ ______ ______?

______ ______ ______ ______ ______.

______ ______ ______ ______ ______?

______ ______ ______ ______ ______ ______.

______ ______ ______ die ______?

Die ______ ______ ______ ______.

______ ______ ______ ______ ______?

______ ______ ______ ______ ______.

______ ______ ______ den ______?

Den ______ ______ ______ ______.

______ ______ ______ ______ ______?

______ ______ ______ ______ ______ ______.

______ ______ ______ die ______?

Die ______ ______ ______ ______.

______ ______ ______ ______ ______?

______ ______ ______ ______ ______.

1

das Haus

2

H		
B d	W	B n
Ka	E	G n
D h	Ki	Kü
Kl	S	Kel
G e	D n	Br

3

Tiere sind im H _ _ _ _.

_ _ _ _ _ ist _ _ _ _ _ _ _ _ _ _ _ _ _ _ _ _ _.

_ _ _ _ ist _ _ _ _ _ _ _ _ _ _ _ _ _.

_ _ _ _ _ _ _ _ _ _ _ _ G _ _ _ _ n.

_ _ _ _ ist in der G _ _ _ _ _ e.

_ _ _ _ ist _ _ _ _ _ _ _ _ _ _ _.

_ _ _ _ _ _ ist auf dem _ _ _ _ _ _ _ _ _.

_ _ _ _ _ _ _ _ _ _ _ _ _ _ _ _ _ _ _ _.

Was tun sie im Haus?

1

2

Ich ____ lebe ____ im ____ Haus ____.

Ich ____ ____ ____ ____.

Ich ____ ____ ____ ____.

Ich ____ ____ ____ ____.

Ich ____ ____ meine ____ ____ ____.

Ich ____ ____ ____ ____ ____.

3

 Peter ____ ____ ____.

 Er ____ ____ ____ ____.

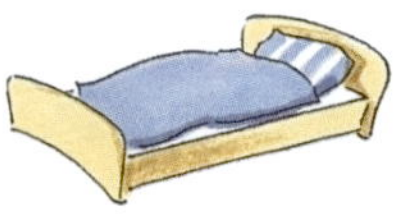 ____ schläft ____ ____.

 ____ liest ____ ____.

 ____ isst ____ ____.

 ____ wäscht seine Hände ____ ____.

1

die Frau

das Mädchen

die Männer

die Jungen

die Kinder

die Mädchen

das Kind

der Junge

die Frauen

der Mann

2

3

Das ___Kind___ ___ist___ ___im___ ___Kinderzimmer___.

_____ _____ _____ _____ _____.

_____ _____ _____ _____ _____.

_____ _____ _____ _____ _____.

_____ _____ _____ _____ _____ _____.

4

Wo ist das Kind? Es ist im Kinderzimmer.

_____ _____ _____ Mädchen? _____ _____ in der Küche.

_____ _____ _____ Junge? _____ _____ _____ Esszimmer.

_____ _____ _____ Männer? _____ _____ _____ Wohnzimmer.

_____ _____ _____ Frauen? _____ _____ _____ Bad.

Wer macht wo was?

1 Was tun sie?

Das Kind [X]
Der Mann [ ]

schläft

im Wohnzimmer [ ].
im Kinderzimmer [X].

Das Kind ______________________________.

Das Mädchen [ ]
Die Frau [ ]

____

im Schlafzimmer [ ].
in der Küche [ ].

______________________________.

Der Mann [ ]
Die Frau [ ]

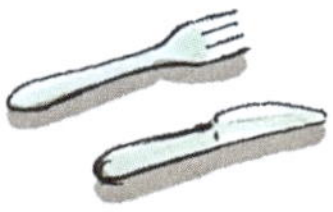

____

im Esszimmer [ ].
in der Küche [ ].

______________________________.

Der Junge [ ]
Der Mann [ ]

____
____

im Esszimmer [ ].
im Bad [ ].

______________________________.

Die Männer [ ]
Die Frauen [ ]

____

in der Küche [ ].
im Bad [ ].

______________________________.

Der Mann [ ]
Die Frau [ ]

____

in der Garage [ ].
im Schlafzimmer [ ].

______________________________.

Die Kinder [ ]
Die Frauen [ ]

____

in der Küche [ ].
im Garten [ ].

______________________________.

1

der Schrank

Das Buch ist **auf** dem Schrank.

Das Buch ist **neben** dem Schrank.

Das Buch ist **unter** dem Schrank.

Das Buch ist **vor** dem Schrank.

Das Buch ist **hinter** dem Schrank.

Das Buch ist **im** Schrank.

2

Der Füller ______ __________ __________ Schrank.

Der Füller ______ ______________ __________ Schrank.

Der Füller ______ ______ __________ Schrank.

Der Füller ______ ______________ __________ Schrank.

Der Füller ______ ______________ __________ Schrank.

Der Füller ______ ______ Schrank. ⚠

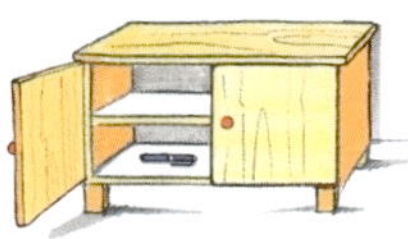

3

 ______ Salz  ______ Herd  ______ Kühlschrank  ______ Telefon

 ______ Pfeffer  ______ Topf  ______ Fernseher  ______ Tisch

4

Das ______________ ist ______________ __________ ____________________.

Der ______________ ist __________ __________ ______________.

Das ______________ ist __________ __________ ____________________.

Der ______________ ist ______________ __________ ______________.

Wo sind die Tiere?

1

hängen

hängen

sitzen

____

stehen

____

liegen

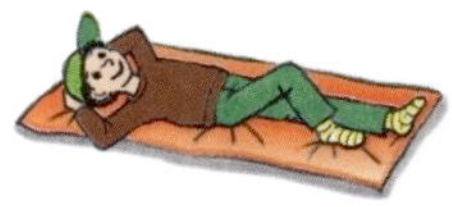

____

2

______ Wellensittich sitzt auf dem Schrank.

______ Katze liegt ______ ______ **Teppich**.

______ Maus hängt ______ ______ **Bild**.

______ Fisch steht ______ ______ __________.

______ Hund __________ ______ ______ **Sofa**.

______ Schildkröte ________ ______ ______ **Boden**.

______ Meerschweinchen ________ __________ ______ **Bett**.

______ Hase __________ __________ ______ **Sessel**.

______ Spinne hängt ______ ______ **Wand**.

1

2

Ich koche.

Ich ____________.

Ich ____________.

Ich ____________.

Ich kaufe ein.

Ich räume auf.

3

Diana kocht. Michael ____________. Ioannis ____________.

Aisha ____________. Anna ____________ ____________. Jakob ____________ ____________.

Bist du fertig?

1

2

Jakob, räumst du auf?

Ja, ich räume auf.

Diana, ____________ ________?

______, ____________ ____________.

Ioannis, ____________ ________?

Ja, ____________ ____________.

3

Anna, kaufst du ein?

Nein, ich kaufe nicht ein. Ich bin schon fertig.

Aisha, ____________ ________?

______, ______ ____________ ________. ______ ______ ______ ____________.

Michael, putzt du?

______, ______ ____________ ________. ______ ______ ______ ____________.

4

Wir ____________.

Wir ____________.

Wir ____________.

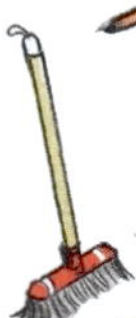

Wir ____________.

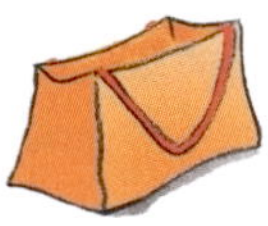

Wir ____________ ________.

Wir ____________ ________.

Anschluss finden Deutsch – das Übungsheft

Grundlagentraining – Sprachförderung Klasse 2 bis 4

Anschluss finden Deutsch 2, 3 und 4 – Grundlagentraining bauen auf dem „**Anschluss finden Deutsch – Wortschatztraining**" bzw. auf diesem Kenntnisstand auf und trainieren den Basis-Lernstoff der jeweiligen Klassenstufe. Sie bestehen jeweils aus einem Leseheft und einem Arbeitsheft.

Das **Leseheft** enthält thematisch passende Lesetexte mit Worterklärungen und kleinen Aufgaben zum Leseverständnis.

Im **Arbeitsheft** finden die Kinder thematisch klar eingegrenzte Übungen zum Leseverständnis und zur Grammatik, ausgehend von den Lesetexten.

Anschluss finden Deutsch – das Übungsheft Grundlagentraining – Sprachförderung Klasse 2 bis 4

Leseheft: je 32 S., vierf., Gh, 17 x 24 cm
Arbeitsheft: je 64 S., vierf., Gh, mit Stickerbogen und Lösungsheft (16 S., vierf., Gh)

Grundlagentraining 2: Leseheft und Arbeitsheft,
ISBN 978-3-619-24157-6

Grundlagentraining 2: Leseheft (in 2401-57 enthalten)
ISBN 978-3-619-24158-3

Grundlagentraining 3: Leseheft und Arbeitsheft,
ISBN 978-3-619-34157-3

Grundlagentraining 3: Leseheft (in 3401-57 enthalten)
ISBN 978-3-619-34158-0

Grundlagentraining 4: Leseheft und Arbeitsheft,
ISBN 978-3-619-44157-0

Grundlagentraining 4: Leseheft (in 4401-57 enthalten)
ISBN 978-3-619-44158-7

www.mildenberger-verlag.de/787

4

5

6

10

11

12

16

17

18

22

23

24

28
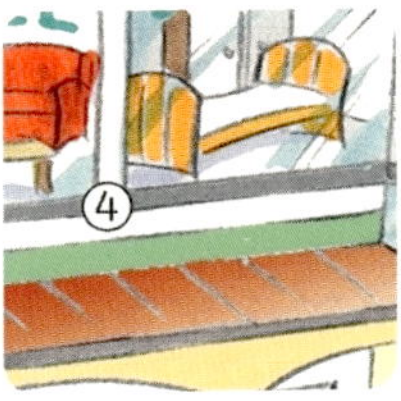

29

30

34

35

36

40

41

42

46

47

48

52

53

54

58

59

60

Vorstellung, Herkunftsland

Das ist ihr Hase.
Das ist ihre Katze.
Das ist sein Hund.
Das ist seine Spinne.

der	ein	mein	dein	sein	ihr
die	eine	meine	deine	seine	ihre
das	ein	mein	dein	sein	ihr
die		meine	deine	ihre	ihre

Amerika
Georgien
Israel
Rumänien
Türkei
Deutschland
Griechenland
Pakistan
Russland
Eritrea
Iran
Polen
Schottland

die Hausnummer 5
die Straße Tannenweg

Essen und Trinken

das Brot mit Käse
die Nudeln
die Nudeln mit Tomatensoße
der Salat
die Flasche
das Glas
die Kanne
die Tasse
der Apfelsaft
der Kaffee
der Kakao
die Limonade
die Milch
der Orangensaft
der Tee
das Wasser

riechen
schmecken
ja, bitte
nein, danke
gut
schlecht

bitter
saftig
sauer
scharf
süß

backen

kochen

rühren
schälen
schneiden

das Frühstück

das Mittagessen

das Abendessen

das Brot
das Brötchen
die Butter
das Ei
das Fleisch
der Honig
der Joghurt
der Käse
die Marmelade
das Müsli
das Obst
der Pfeffer
der Quark
der Reis
das Salz
die Wurst
der Zucker
die Gabel
der Löffel
das Messer
die Schüssel
der Teller
die Tischdecke

abräumen
belegen
bestreichen
decken
einschenken

Das Übungsheft Anschluss finden Deutsch – Wortschatztraining – Vorkurs II (1401-58) © Mildenberger Verlag

Essen und Trinken

die Ananas
der Apfel
die Banane
die Birne

die Erdbeere
die Kirsche
die Kiwi
die Melone

die Nektarine
die Orange
der Pfirsich
die Pflaume

die Traube
die Zitrone

der Blumenkohl
die Bohne
die Gurke

die Karotte
die Kartoffel
der Knoblauch

der Kohl
der Mais
der Paprika

der Spinat
die Tomate
die Zwiebel

Einkaufen

die Bäckerei
die Bank
das Blumengeschäft
das Buchgeschäft

die Metzgerei
das Schreibwarengeschäft
das Schuhgeschäft
das Spielwarengeschäft

abwiegen
bezahlen
einkaufen
die Einkaufsliste

die Bonbons
die Einkaufstasche
das Geld
der Geldbeutel

die Kasse
der Korb
die Schokolade
die Waage

der Kuchen
ein Stück
drei Stücke
die Blumen

teuer 200 €
billig 5 €
wunderschön
passen

viel
wenig

Guten Tag.
Wo bekomme ich ...
Auf Wiedersehen.

Zu Hause

auf
unter
neben
vor
hinter
im

hängen
liegen
sitzen
stehen

Woher kommt sie / er?

1

2

Deutschland · Polen · Iran
Schottland · Türkei · Pakistan
Eritrea · Amerika · Rumänien
Griechenland · Russland · Israel · Georgien

3

Diana kommt aus Polen. Sie wohnt in Neustadt.

Aisha kommt aus dem Iran. Sie wohnt auch in Neustadt.

Joshua kommt aus Amerika. Er wohnt auch in Neustadt.

Anna und Michael kommen aus Schottland.

Peter, Sophie und Lisa kommen aus Deutschland.

Leyla kommt aus der Türkei. Ioannis kommt aus Griechenland.

Buruk kommt aus Eritrea. Paul kommt aus Rumänien.

Karia kommt aus Pakistan. Jakob kommt aus Israel.

Kennst du die Kinder?

1

Das ist Lisa aus Deutschland.
Das ist ihr Hase.
Das ist Anna aus Schottland.
Das ist ihre Katze.
Das ist Aisha aus dem Iran.
Das ist ihr Papagei.
Das ist Diana aus Polen.
Das ist ihr Hamster.
Das ist Karia aus Pakistan.
Das ist ihre Maus.

2

Das ist Jakob aus Israel.
Das ist seine Spinne.
Das ist David aus Russland.
Das ist sein Hund.
Das ist Ioannis aus Griechenland.
Das ist seine Schildkröte.
Das ist Paul aus Rumänien.
Das ist sein Wellensittich.
Das ist Joshua aus Amerika.
Das ist seine Ratte.

3

Das ist Leyla aus der Türkei.
Sie hat kein Tier.

In welcher Straße wohnst du?

1

2

In welcher Straße wohnst du, Joshua?
Ich wohne in der Blumenstraße.
Welche Hausnummer hat dein Haus?
Mein Haus hat die Hausnummer 8.
In welche Schule gehst du?
Ich gehe in die Regenbogenschule.

3

In welcher Straße wohnt ihr, Anna und Michael?
Wir wohnen im Einsteinweg.
Welche Hausnummer hat euer Haus?
Unser Haus hat die Hausnummer 12.
In welche Schule geht ihr?
Wir gehen in die Regenbogenschule.

Woher kommst du?

1

Guten Morgen. Wie heißt du?
Guten Morgen. Ich heiße Leyla.
Woher kommst du?
Ich komme aus der Türkei.
Wo wohnst du?
Ich wohne in Neustadt.
Hast du ein Tier?
Nein, ich habe kein Tier.

2 *

Und du? Wie heißt du?
Ich heiße ______.
Wie alt bist du?
Ich bin ______ Jahre alt.
Woher kommst du?
Ich komme aus ______.
Wo wohnst du?
Ich wohne in ______.
In welcher Straße wohnst du?
Ich wohne ______.
Welche Hausnummer hat dein Haus?
Mein Haus hat die Hausnummer ______.
In welche Schule gehst du?
Ich gehe in die ______.
Hast du ein Tier?
______, ich habe ______.

* individuelle Lösung

Was trinkst du?

1

2

die Kanne
das Glas
die Tasse
die Flasche

3

der Orangensaft
der Kakao
der Apfelsaft
die Milch
der Tee
die Limonade
der Kaffee
das Wasser

4

Lisa trinkt **den** Orangensaft.
Anna trinkt den Tee.
Diana trinkt den Kakao.
Ioannis trinkt **die** Milch. ⚠
Michael trinkt **das** Wasser. ⚠
Der Vater trinkt den Apfelsaft.
Die Mutter trinkt den Kaffee.
Jakob trinkt die Limonade.

Was möchtest du essen?

1

2

Aisha **möchte** Nudeln mit Tomatensoße essen.
Ioannis möchte auch Nudeln mit Tomatensoße essen.
Jakob möchte ein Brot mit Käse essen.
Joshua möchte einen Salat essen.
Michael möchte Nudeln mit Tomatensoße, ein Brot mit Käse und einen Salat essen.

3

Möchtest du ein Brot mit Käse essen? – Ja, bitte.
Möchtest du einen Salat essen? – Nein, danke.
Möchtest du Nudeln essen? – Ja, bitte.

Was möchten sie essen?

1

① Jakob möchte ein Brot mit Käse essen und eine Tasse Kakao trinken.
② Karia möchte einen Salat essen und ein Glas Limonade trinken.
③ Peter möchte Nudeln und einen Salat essen und ein Glas Apfelsaft trinken.
④ Paul möchte ein Brot mit Käse und einen Salat essen und eine Tasse Tee trinken.

2

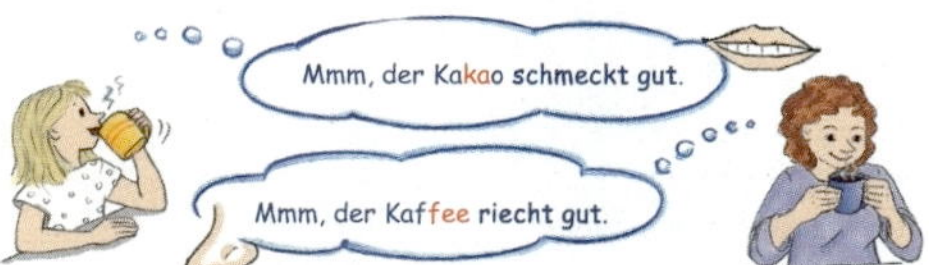

3

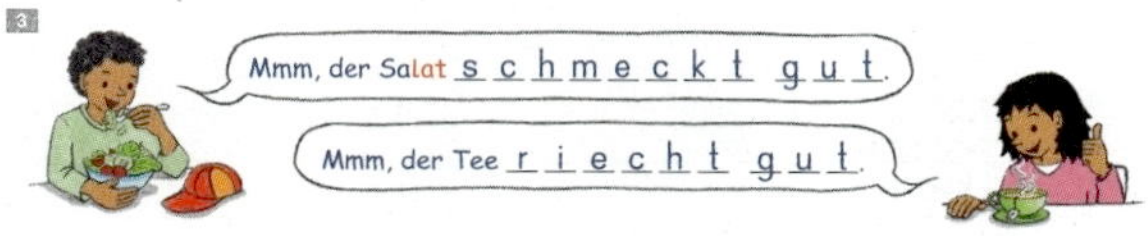

Welches Obst magst du?

1

2

die Orange
die Erdbeere
die Birne
die Banane
die Kirsche
die Traube
die Zitrone
der Apfel ⚠ – die Äpfel ⚠
die Ananas ⚠ – die Ananas ⚠

3

Möchtest du eine Zitrone? – Ja, bitte.
Möchtest du einen Apfel? – Nein, danke.
Möchtest du eine Ananas? – Ja, bitte.

Lösungen (Seite 12 – 15)

Welches Gemüse magst du?

1

2

die Bohne	die Bohnen
die Karotte	die Karotten
die Kartoffel	die Kartoffeln
die Zwiebel	die Zwiebeln
die Tomate	die Tomaten
die Gurke	die Gurken

3

der Spinat	der Mais
der Blumenkohl	der Knoblauch
der Kohl	der Paprika

4

Lisa mag gerne Zwiebeln. Sie mag keinen Blumenkohl.
Sophie mag gerne Kartoffeln.
Sie mag keinen Spinat.

5

Joshua mag gerne Kohl. Er mag keine Tomaten.
Peter mag gerne Mais.
Er mag keine Gurken.

 Gemüse, Nomen: Singular/Plural, Verben: 3. Person Singular

Wie ist das Obst? Wie ist das Gemüse?

1

süß – sauer – bitter – scharf – saftig – gut – schlecht

2

Die Erdbeere ist süß.
Die Gurke ist saftig.
Die Zwiebel ist scharf.
Der Spinat ist bitter.
Die Zitrone ist sauer.

3

die Kiwi – die Melone – der Pfirsich – die Pflaume – die Nektarine

4

Die Kiwi ist süß und sauer und saftig.
Die Melone ist süß und saftig.
Der Pfirsich ist süß und saftig.
Die Pflaume ist süß und sauer und saftig.
Die Nektarine ist süß und saftig.

5

Die Birne ist gut.	Die Birne ist schlecht.
Die Kirsche ist gut.	Die Kirsche ist schlecht.
Die Tomate ist gut.	Die Tomate ist schlecht.
Die Kartoffel ist gut.	Die Kartoffel ist schlecht.

Obst, Gemüse, Adjektive

Wer mag was?

1 → Seite 13.

① Joshua mag den süßen Mais.
② Er mag den guten Paprika.
③ Er mag den bitteren Spinat.
④ Aisha mag die süße Kiwi.
⑤ Sie mag die saure Zitrone.
⑥ Sie mag die saftige Gurke.
⑦ Lisa mag keinen bitteren Kohl.
⑧ Sie mag keinen schlechten Blumenkohl.
⑨ Sie mag keinen scharfen Knoblauch.
⑩ Peter mag keine saftigen Tomaten.
⑪ Er mag keine bitteren Bohnen.
⑫ Er mag keine scharfen Zwiebeln.

2

Kreuzworträtsel:
① Mais
② Paprika
③ Spinat
④ Kiwi
⑤ Zitrone
⑥ Gurke
⑦ Kohl
⑧ Blumenkohl
⑨ Knoblauch
⑩ Tomaten
⑪ Bohnen
⑫ Zwiebeln

 Obst, Gemüse, Adjektive, Akkusativ

Kochst du mit uns?

1

2

Aisha, schälst du das Obst? – Ja, ich schäle.
Paul, schälst du das Gemüse? – Ja, ich schäle.
Diana, schneidest du das Obst? – Ja, ich schneide.
Jakob, schneidest du das Gemüse? – Ja, ich schneide.
Anna, rührst du den Kuchen? – Ja, ich rühre.
Peter, rührst du die Suppe? – Ja, ich rühre.
Lisa, backst du den Kuchen? – Ja, ich backe.
David, kochst du die Suppe? – Ja, ich koche.

Kochen, Akkusativ, Verben: 1./2. Person Singular/1. Person Plural

Was isst du zum Frühstück?

1

Müsli · Brötchen · Marmelade · Butter · Honig · Zucker

die Butter · das Müsli · die Marmelade
der Zucker · der Honig · das Brötchen

2

Reis · Fleisch · Pfeffer · Salat · Ei · Salz

der Pfeffer · der Reis · das Salz
das Fleisch · der Salat · das Ei

3

Brot · Quark · Joghurt · Käse · Obst · Wurst

der Joghurt · der Quark · der Käse
das Brot · die Wurst · das Obst

4

Zum Frühstück isst Anna Brötchen mit Marmelade.
Zum Mittagessen isst Leyla Salat mit Ei.
Zum Abendessen isst David Brot mit Wurst.

Frühstücken wir gemeinsam?

1

2

die Tischdecke	die Tischdecken
die Tasse	die Tassen
die Gabel	die Gabeln
die Schüssel	die Schüsseln
das Glas	die Gläser
der Löffel	die Löffel ⚠
das Messer	die Messer ⚠
der Teller	die Teller ⚠

3

Lisa fragt: „Frühstücken wir gemeinsam?"
Aisha legt die Tischdecken auf die Tische.
Sophie und Diana legen die Messer, die Gabeln und die Löffel auf die Tische.
Peter und Joshua stellen die Teller auf die Tische.
Anna stellt die Gläser auf die Tische.
Jakob und Michael stellen die Schüsseln und die Tassen auf die Tische.

Decken wir den Tisch?

1

decken · bestreichen · belegen · einschenken · abräumen

2

Wer deckt den Tisch? — Ich decke den Tisch.
Wer bestreicht die Brötchen? — Ich bestreiche die Brötchen.
Wer belegt die Brote? — Ich belege die Brote.
Wer schenkt den Tee ein? — Ich schenke den Tee ein.
Wer räumt den Tisch ab? — Ich räume den Tisch ab.

3

Deckst du den Tisch, Anna? — Nein, Karia deckt den Tisch.
Bestreichst du die Brötchen, Joshua? — Nein, Maria bestreicht die Brötchen.
Belegst du die Brote, Anna? — Nein, Lisa belegt die Brote.
Schenkst du den Tee ein, Sophie? — Nein, Paul schenkt den Tee ein.
Räumst du den Tisch ab, Peter? — Nein, Buruk räumt den Tisch ab.

Was kochen sie heute?

1

Paul: schneidet [ ] / schält [X] — das Gemüse [X] / das Obst [ ] — für den Kuchen [ ] / für die Suppe [X].
Paul schält das Gemüse für die Suppe.

Diana: schneidet [X] / schält [ ] — das Obst [X] / das Gemüse [ ] — für die Suppe [ ] / für den Kuchen [X].
Diana schneidet das Obst für den Kuchen.

David: backt [ ] / kocht [X] — das Gemüse [X] / das Obst [ ] — für den Kuchen [ ] / für die Suppe [X].
David kocht das Gemüse für die Suppe.

Aisha: legt [X] / stellt [ ] — die Gabeln [ ] / die Tischdecke [X] — auf den Tisch [X] / auf das Haus [ ].
Aisha legt die Tischdecke auf den Tisch.

Anna: stellt [X] / legt [ ] — die Gläser [X] / die Messer [ ] — auf den Tisch [X] / auf die Teller [ ].
Anna stellt die Gläser auf den Tisch.

Peter: deckt [X] / legt [ ] — die Löffel [ ] / den Tisch [X] — für das Mittagessen [X] / auf den Teller [ ].
Peter deckt den Tisch für das Mittagessen.

Joshua: belegt [X] / schenkt [ ] — den Tee [ ] / die Brötchen [X] — für das Abendessen [X] / in die Tasse ein [ ].
Joshua belegt die Brötchen für das Abendessen.

Gehen wir zum Bäcker?

1

2

Guten Tag.

Guten Tag.

Ich hätte gerne drei Stücke Kuchen.

Gerne. Darf es noch etwas sein?

Nein, danke. Was kostet das?

Das kostet 6 Euro.

Hier, bitte schön.

Vielen Dank. Auf Wiedersehen.

Auf Wiedersehen.

3

ein Stück – zwei Stücke – drei Stücke

Ein Stück Kuchen kostet zwei Euro.

Gehen wir einkaufen?

1

das Schuhgeschäft — das Spielwarengeschäft — die Bäckerei — das Buchgeschäft

das Blumengeschäft — die Metzgerei — das Schreibwarengeschäft — die Bank

2

3

Das Buch kaufen wir im Buchgeschäft.

Die Schulsachen kaufen wir im Schreibwarengeschäft.

Die Spielsachen kaufen wir im Spielwarengeschäft.

Die Schuhe kaufen wir im Schuhgeschäft.

Die Blumen kaufen wir im Blumengeschäft.

Das Fleisch und die Wurst kaufen wir in der Metzgerei.

Das Brot und das Brötchen kaufen wir in der Bäckerei.

Das Geld holen wir in der Bank.

Was gibt es im Supermarkt?

1

2

die Waage — der Korb — der Geldbeutel

die Einkaufstasche — die Bonbons

die Schokolade — das Geld — die Kasse

3

4

5

Ich kaufe ein. Ich wiege ab. Ich bezahle.

6

viel Obst

wenig Gemüse

Was kaufen sie wo?

1

① Sie kaufen
- [x] einen Bleistift
- [ ] einen Ball
- [ ] in der Bäckerei.
- [x] im Schreibwarengeschäft.

② Sie kaufen
- [ ] einen Apfel
- [x] ein Buch
- [x] im Buchgeschäft.
- [ ] in der Metzgerei.

③ Sie kaufen
- [x] eine Ananas
- [ ] einen Füller
- [ ] im Spielwarengeschäft.
- [x] im Supermarkt.

④ Sie kaufen
- [ ] ein Paar Schuhe
- [x] ein Brötchen
- [ ] im Blumengeschäft.
- [x] in der Bäckerei.

⑤ Sie kaufen
- [ ] ein Brot
- [x] einen Ball
- [ ] im Blumengeschäft.
- [x] im Spielwarengeschäft.

⑥ Sie kaufen
- [x] einen Blumenkohl
- [ ] einen Kuchen
- [x] im Supermarkt.
- [ ] im Buchgeschäft.

⑦ Sie kaufen
- [x] eine Wurst
- [ ] einen Pfirsich
- [ ] in der Bank.
- [x] in der Metzgerei.

⑧ Sie kaufen
- [x] einen Kuchen
- [ ] eine Melone
- [ ] in der Bank.
- [x] in der Bäckerei.

Was bekomme ich in welchem Geschäft?

1

Wo bekomme ich das Heft? – Das bekommst du im Schreibwarengeschäft.

Wo bekomme ich das Brot? – Das bekommst du in der Bäckerei.

Wo bekomme ich den Kohl? – Den bekommst du im Supermarkt.

Wo bekomme ich das Fleisch? – Das bekommst du in der Metzgerei.

Wo bekomme ich die Bonbons? – Die bekommst du im Supermarkt.

Wo bekomme ich die Puppe? – Die bekommst du im Spielwarengeschäft.

Wo bekomme ich den Füller? – Den bekommst du im Schreibwarengeschäft.

Wo bekomme ich den Kuchen? – Den bekommst du in der Bäckerei.

Wo bekomme ich die Blumen? – Die bekommst du im Blumengeschäft.

Wo bekomme ich die Schuhe? – Die bekommst du im Schuhgeschäft.

Kennst du das Haus?

1

2

das Haus

das Bad	das Wohnzimmer	der Balkon
der Kamin	das Esszimmer	der Garten
das Dach	das Kinderzimmer	die Küche
die Klingel	das Schlafzimmer	der Keller
die Garage	der Dachboden	der Briefkasten

3

Die Tiere sind im Haus.

Die Ratte ist im Kinderzimmer.

Der Hase ist im Wohnzimmer.

Der Hamster ist im Garten.

Der Hund ist in der Garage.

Die Maus ist in der Küche.

Die Spinne ist auf dem Dachboden.

Die Katze ist auf dem Dach.

Was tun sie im Haus?

1

2

Ich lebe im Haus.

Ich schlafe im Kinderzimmer.

Ich lese im Wohnzimmer.

Ich esse im Esszimmer.

Ich wasche meine Hände im Bad.

Ich koche in der Küche.

3

Peter lebt im Haus.

Er kocht in der Küche.

Er schläft im Kinderzimmer.

Er liest im Wohnzimmer.

Er isst im Esszimmer.

Er wäscht seine Hände im Bad.

Wo sind …?

1

2

3

Das Kind ist im Kinderzimmer.

Die Frau ist im Bad.

Der Junge ist im Esszimmer.

Der Mann ist im Wohnzimmer.

Das Mädchen ist in der Küche.

4

Wo ist das Kind?	Es ist im Kinderzimmer.
Wo ist das Mädchen?	Es ist in der Küche.
Wo ist der Junge?	Er ist im Esszimmer.
Wo sind die Männer?	Sie sind im Wohnzimmer.
Wo sind die Frauen?	Sie sind im Bad.

Wer macht wo was?

1 Was tun sie?

Das Kind [X] / Der Mann [ ] — schläft — im Wohnzimmer [ ] / im Kinderzimmer [X].
Das Kind schläft im Kinderzimmer.

Das Mädchen [X] / Die Frau [ ] — liest — im Schlafzimmer [X] / in der Küche [ ]
Das Mädchen liest im Schlafzimmer

Der Mann [X] / Die Frau [ ] — isst — im Esszimmer [X] / in der Küche [ ]
Der Mann isst im Esszimmer

Der Junge [X] / Der Mann [ ] — wäscht die Hände — im Esszimmer [ ] / im Bad [X]
Der Junge wäscht die Hände im Bad

Die Männer [X] / Die Frauen [ ] — kochen — in der Küche [X] / im Bad [ ]
Die Männer kochen in der Küche

Der Mann [ ] / Die Frau [X] — schläft — in der Garage [ ] / im Schlafzimmer [X]
Die Frau schläft im Schlafzimmer

Die Kinder [X] / Die Frauen [ ] — kochen — in der Küche [X] / im Garten [ ]
Die Kinder kochen in der Küche

 Haushalt, Verben: 3. Person Singular / Plural

Wo ist ...?

1

der Schrank

Das Buch ist **auf** dem Schrank. Das Buch ist **neben** dem Schrank. Das Buch ist **unter** dem Schrank.
Das Buch ist **vor** dem Schrank. Das Buch ist **hinter** dem Schrank. Das Buch ist **im** Schrank.

2

Der Füller ist vor dem Schrank.
Der Füller ist neben dem Schrank.
Der Füller ist auf dem Schrank.
Der Füller ist unter dem Schrank.
Der Füller ist hinter dem Schrank.
Der Füller ist im Schrank. ⚠

3

das Salz — der Herd — der Kühlschrank — das Telefon
der Pfeffer — der Topf — der Fernseher — der Tisch

4

Das Telefon ist neben dem Fernseher.
Der Topf ist auf dem Herd.
Das Salz ist auf dem Kühlschrank.
Der Pfeffer ist unter dem Tisch.

Haus, Präpositionen

Wo sind die Tiere?

1

hängen	hängen	sitzen	sitzen
stehen	stehen	liegen	liegen

2 *

Der Wellensittich sitzt auf dem Schrank.
Die Katze liegt auf dem **Teppich**.
Die Maus hängt auf dem **Bild**.
Der Fisch steht auf dem Tisch.
Der Hund sitzt vor dem **Sofa**.
Die Schildkröte liegt auf dem **Boden**.
Das Meerschweinchen liegt unter dem **Bett**.
Der Hase sitzt hinter dem **Sessel**.
Die Spinne hängt an der **Wand**.

 * mehrere Lösungen möglich — Möbel, Haustiere, Verben: 3. Person Singular, Präpositionen

Kann ich helfen?

1

2

Ich koche. — Ich putze. — Ich spüle.
Ich kehre. — Ich kaufe ein. — Ich räume auf.

3

Diana kocht. — Michael putzt. — Ioannis spült.
Aisha kehrt. — Anna kauft ein. — Jakob räumt auf.

Haushalt, Verben: 1./3. Person Singular

Bist du fertig?

1

2

Jakob, räumst du auf? — Ja, ich räume auf.

Diana, kochst du? — Ja, ich koche.

Ioannis, spülst du? — Ja, ich spüle.

3

Anna, kaufst du ein?

Nein, ich kaufe nicht ein. Ich bin schon fertig.

Aisha, kehrst du?

Nein, ich kehre nicht. Ich bin schon fertig.

Michael, putzt du? ⚠

Nein, ich putze nicht. Ich bin schon fertig.

4

Wir kochen. — Wir putzen.

Wir spülen. — Wir kehren.

Wir kaufen ein. — Wir räumen auf.

Was müssen wir im Haus noch tun?

1

2

Wie können die Kinder helfen?

Die Kinder können die Wäsche in den Wäschekorb sortieren.

Die Kinder können die Wäsche in der Waschmaschine waschen.

Die Kinder können die Wäsche mit den Wäscheklammern aufhängen.

Die Kinder können die Wäsche mit dem Bügeleisen bügeln.

Was machen die Kinder?

1

2

Was macht Anna? — Sie duscht.

Was macht Diana? — Sie kocht.

Was macht Lisa? — Sie bügelt.

Was macht Aisha? — Sie wäscht.

Was macht Joshua? — Er kauft ein.

Was macht Michael? — Er putzt.

Was macht Ioannis? — Er spült.

Was macht Jakob? — Er räumt auf.

Wie können wir helfen?

1

2

Wer verbindet den Arm? — Ich verbinde den Arm.

Wer föhnt die Haare? — Ich föhne die Haare.

Wer staubsaugt den Teppich? — Ich staubsauge den Teppich.

Wer gießt die Blumen? — Ich gieße die Blumen.

Wer staubt den Schrank ab? — Ich staube den Schrank ab.

Wer trocknet die Teller ab? — Ich trockne die Teller ab.

3

Verbindest du den Arm, Diana? — Nein, Ioannis verbindet den Arm.

Föhnst du die Haare, Anna? — Nein, Diana föhnt die Haare.

Staubsaugst du den Teppich, Buruk? — Nein, Anna staubsaugt den Teppich.

Gießt du die Blumen, Joshua? — Nein, Buruk gießt die Blumen.

Staubst du den Schrank ab, Karia? — Nein, Joshua staubt den Schrank ab.

Trocknest du die Teller ab, Ioannis? — Nein, Karia trocknet die Teller ab.

Was tust du?

1

1. Anna steht auf.
2. Sie duscht.
3. Sie zieht sich an.
4. Sie frühstückt.
5. Sie geht in die Schule.
6. Sie isst zu Mittag.
7. Sie spült.
8. Sie macht Hausaufgaben.
9. Sie spielt.
10. Sie isst zu Abend.
11. Sie putzt die Zähne.
12. Sie schläft.

2

Ich stehe auf.
Ich dusche.
Ich ziehe mich an.
Ich frühstücke.
Ich gehe in die Schule.
Ich esse zu Mittag. ⚠
Ich spüle.
Ich mache Hausaufgaben.
Ich spiele.
Ich esse zu Abend. ⚠
Ich putze die Zähne.
Ich schlafe.

Was muss ich noch tun?

1

die Vorhänge, der Besen, die Schublade
die Lampe, der Flur, die Ecke

2

Bitte öffne die Vorhänge. – Ich öffne die Vorhänge.
Bitte schließe die Vorhänge. – Ich schließe die Vorhänge.
Bitte öffne die Schublade. – Ich öffne die Schublade.
Bitte stelle den Besen in die Ecke. – Ich stelle den Besen in die Ecke.
Bitte schalte die Lampe ein. – Ich schalte die Lampe ein.
Bitte öffne den Schrank im Flur. – Ich öffne den Schrank im Flur.

3

Bitte stehe auf. – Ich stehe auf.
Bitte gehe in die Schule. – Ich gehe in die Schule.
Bitte putze die Zähne. – Ich putze die Zähne.
Bitte schlafe. – Ich schlafe.

Was ist los?

1

2 Karia, was ist los?

Ich habe meinen Teddy vergessen.
Ich verstehe das nicht.
Ich habe Hunger.
Ich habe Durst.
Ich möchte nicht spielen.
Ich brauche ein Pflaster.
Ich muss auf die Toilette.
Ich bin müde.

3 Lisa, was ist los?

Ich habe meine Puppe vergessen.
Ich möchte nicht klettern.
Ich brauche ein Glas.
Ich muss meine Hände waschen.

Wie ist das Wetter?

1

2

das Wetter

die	Sonne	der	Regen
der	Nebel	das	Gewitter
der	Hagel	der	Wind
die	Wolken	der	Schnee

3

die Sonne, der Schnee, die Wind, der Nebel, der Regen, das Gewitter, das Wetter, der Hagel

Wie kann das Wetter sein?

1

Eis – Pfütze – Schneemann – Regenbogen

heiß – kalt – schwitzen – frieren – beobachten

2

das Eis – der Schneemann

die Pfütze – der Regenbogen

heiß – schwitzen

kalt – beobachten

frieren

3

Es ist kalt.
Leyla, Aisha und Anna bauen einen Schneemann.
Karia und Joshua frieren.

Es ist heiß.
David und Sophie schwitzen.
Sie essen ein Eis.

Es regnet. Die Sonne scheint.
Michael und Maria spielen in der Pfütze.
Sie beobachten einen Regenbogen.

4 *

Wie ist das Wetter?

* individuelle Lösung

Wie wird das Wetter?

1

5°C – 3. April; 18°C – 4. April; 25°C – 5. April

Am 4. April, heute, scheint die Sonne. Es ist warm. Wir messen 18°C auf dem Thermometer. Dann gibt es Blitz und Donner.

Am 5. April, morgen, gibt es Hagel. Es ist warm. Wir messen 25°C auf dem Thermometer.

Am 3. April, gestern, gab es Sturm. Es war kalt. Wir haben 5°C auf dem Thermometer gemessen.

2

der Sturm – der Blitz – der Donner

das Thermometer – messen

gestern – heute – morgen

3

Es hagelt. – Es ist stürmisch. – der Blitz – Es schneit. – der Regen – Es blitzt. – der Hagel – der Wind – Es ist windig. – die Sonne – der Sturm – Es ist bewölkt. – der Schnee – Es ist sonnig. – die Wolke – der Donner – Es donnert. – Es regnet.

Was tragen sie bei welchem Wetter?

1

① Es regnet. S ② Es schneit. c ③ Es ist sonnig. h

④ Es blitzt und donnert. i ⑤ Es ist bewölkt. r ⑥ Es ist stürmisch. m

S c h i r m (1 2 3 4 5 6) – der Schirm

2

Leyla trägt eine Kappe, ein T-Shirt, einen Rock und Sandalen.
Wie ist das Wetter? Es ist sonnig und warm.

Anna trägt eine Mütze, einen Schal, eine Jacke, Handschuhe, Jeans und Winterstiefel.
Wie ist das Wetter? Es schneit.

Karia trägt ein Kleid und Schuhe.
Wie ist das Wetter? Es ist windig.

Jakob trägt einen Schirm, einen Regenhut, eine Regenjacke, eine Hose und Gummistiefel.
Wie ist das Wetter? Es regnet.

~~der Regenhut~~ ~~der Rock~~ ~~der Schal~~ ~~der Schirm~~ ~~die Hose~~ ~~die Jacke~~
~~die Kappe~~ ~~die Mütze~~ ~~die Regenjacke~~ ~~das Kleid~~ ~~das T-Shirt~~ ~~die Jeans~~
~~die Sandalen~~ ~~die Schuhe~~ ~~die Winterstiefel~~ ~~die Gummistiefel~~ ~~die Handschuhe~~

Wie heißen die Jahreszeiten?

1

der Winter – der Frühling – der Sommer – der Herbst

das Jahr – die Jahreszeit

2

Die erste Jahreszeit ist der Winter.
Die zweite Jahreszeit ist der Frühling.
Die dritte Jahreszeit ist der Sommer.
Die vierte Jahreszeit ist der Herbst.

3

① Diana trägt ein Kleid, weil es im Frühling warm ist. – J
② Anna trägt Handschuhe, weil es im Winter kalt ist. – r
③ Joshua trägt ein T-Shirt, weil es im Sommer heiß ist. – a
④ David trägt einen Schal, weil es im Herbst stürmisch ist. – h

das J a h r (1 2 3 4)

Wie heißen die Monate?

1

der Januar | der Februar | der März

der April | der Mai

der Juni | der Juli

der August | der September

der Oktober | der November | der Dezember

2

Ich mag den Monat Juli. Juli ist im Sommer und es ist
[X] heiß [ ] windig [ ] kalt.

Ich mag den Monat Oktober.
Oktober ist im Herbst und es ist
[ ] heiß [X] windig [ ] neblig.

Ich mag den Monat Januar.
Januar ist im Winter und es
[X] gibt Schnee [ ] ist sonnig [ ] regnet.

Ich mag den Monat April.
April ist im Frühling und es ist
[ ] bewölkt [X] warm [ ] stürmisch.

Welche Jahreszeit magst du am liebsten?

1

Welche Jahreszeit magst du am liebsten?

Ich mag den Winter am liebsten. Dann kann ich Ski fahren.

Ich mag den Frühling am liebsten.
Dann kann ich Blumen pflücken.

Ich mag den Sommer am liebsten.
Dann kann ich schwimmen gehen.

Ich mag den Herbst am liebsten.
Dann kann ich Drachen steigen lassen.

2

Joshua geht gerne schwimmen. Im Sommer ist es heiß.
Im Sommer sind die Monate Juni, Juli und August.

Diana lässt gerne Drachen steigen. Im Herbst ist es windig. Im Herbst sind die Monate September, Oktober und November.

Sophie fährt gerne Ski. Im Winter gibt es Schnee. Im Winter sind die Monate Dezember, Januar und Februar.

Paul liest gerne ein Buch im Garten. Im Frühling ist es warm. Im Frühling sind die Monate März, April und Mai.

Wie heißen die Wochentage?

1

① Montag	② Dienstag	③ Mittwoch	④ Donnerstag	⑤ Freitag	⑥ Samstag ⑦ Sonntag ⑧ Wochenende
Sophie	Ioannis	Anna	Aisha	Paul	Michael

2

① der Montag
② der Dienstag
③ der Mittwoch
④ der Donnerstag
⑤ der Freitag
⑥ der Samstag
⑦ der Sonntag
⑧ das Wochenende

3

Ich gehe am Mittwoch tanzen.

Ich spiele am Freitag mit Freunden.

Ich spiele am Dienstag Fußball.

Ich gehe am Montag schwimmen.

Ich spiele am Donnerstag Basketball.

Ich schlafe am Samstag und am Sonntag.

Was steht auf dem Kalender?

1

Dieser Kalender zeigt das Jahr.
Dieser Kalender zeigt den Monat.
Dieser Kalender zeigt die Woche.
Dieser Kalender zeigt den Tag.

2

der	Kalender	die	Kalender
das	Jahr	die	Jahre
der	Monat	die	Monate
die	Woche	die	Wochen
der	Tag	die	Tage

zeigen

er zeigt

3

die Kalender

die Jahre | die Monate

die Wochen | die Tage

4

Jahreszeit | Monate | Wochentage

D	e	z	e	m	b	e	r	M		M		M	A	u	g	u	s	t	F				
	A			J	a	n	u	a	r	o		i		S	o	m	m	e	r		H		
	p			u			D	i	e	n	s	t	a	g					e		e		
F	r	ü	h	l	i	n	g			t		t				J	u	n	i		r		
	i		M	i	S	a	m	s	t	a	g	w					O	k	t	o	b	e	r
	l		ä	S	o	n	n	t	a	g	D	o	n	n	e	r	s	t	a	g	s		
F	e	b	r	u	a	r						c	W	i	n	t	e	r	g		t		
			z	N	o	v	e	m	b	e	r	h			S	e	p	t	e	m	b	e	r

Heute, gestern oder morgen?

1

2

5. Mai: Leyla und Buruk gehen heute schwimmen.

6. Mai: Sie spielen morgen Basketball.

7. Mai: Sie spielen übermorgen mit Freunden.

4. Mai: Sie haben gestern Fußball gespielt.

3. Mai: Sie haben vorgestern Bücher gelesen.

3

Welcher Monat ist der erste?

1

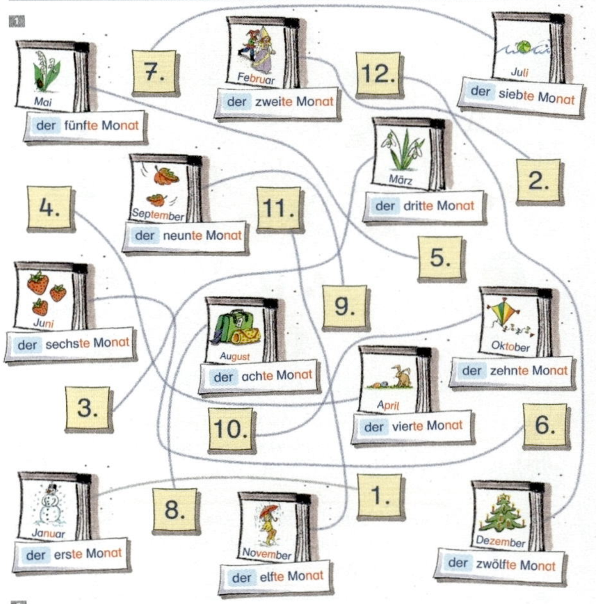

2

Januar	ist	der	erste	Monat.	Juli	ist	der	siebte	Monat.
Februar	ist	der	zweite	Monat.	August	ist	der	achte	Monat.
März	ist	der	dritte	Monat.	September	ist	der	neunte	Monat.
April	ist	der	vierte	Monat.	Oktober	ist	der	zehnte	Monat.
Mai	ist	der	fünfte	Monat.	November	ist	der	elfte	Monat.
Juni	ist	der	sechste	Monat.	Dezember	ist	der	zwölfte	Monat.

Wie schreibe ich das Datum?

1

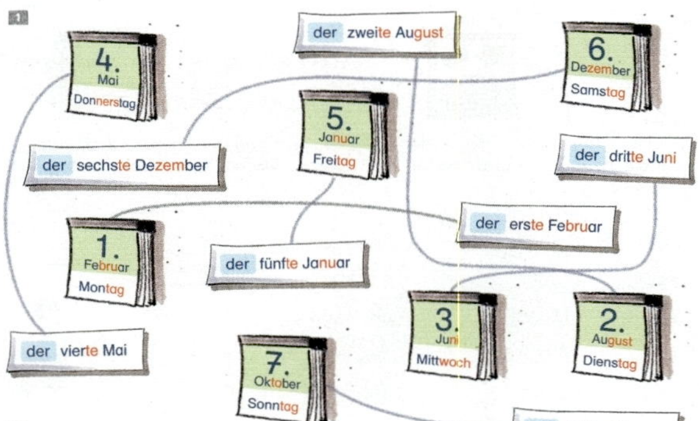

2

Montag ist der erste Februar.

Dienstag ist der zweite August.

Mittwoch ist der dritte Juni.

Donnerstag ist der vierte Mai.

Freitag ist der fünfte Januar.

Samstag ist der sechste Dezember.

Sonntag ist der siebte Oktober.

3

Heute ist der 7.10.2017.

Heute ist der 4.5.2019.

* Heute ist der ____________.

Wie spät ist es?

1

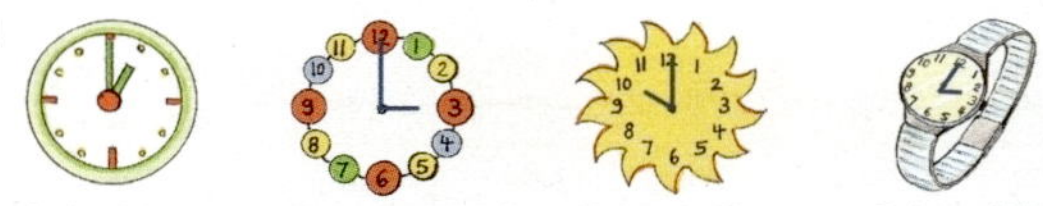

Es ist ein Uhr. Es ist drei Uhr. Es ist zehn Uhr. Es ist zwei Uhr.

2

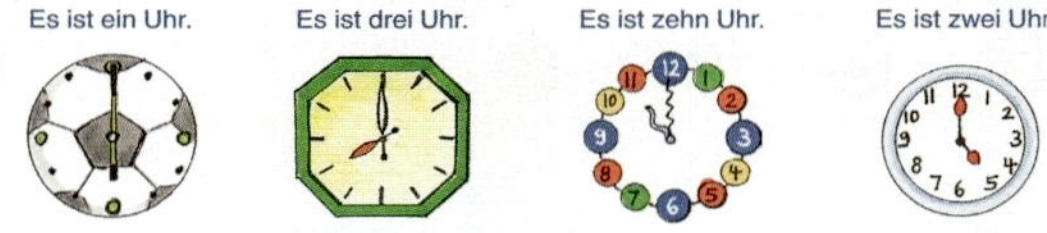

Es ist sechs Uhr. Es ist acht Uhr. Es ist elf Uhr. Es ist fünf Uhr.

3

4

Wie spät ist es? – Es ist sieben Uhr morgens.

Wie spät ist es? – Es ist zwölf Uhr mittags.

Wie spät ist es? – Es ist vier Uhr nachmittags.

Wie spät ist es? – Es ist acht Uhr abends.

Wie spät ist es? – Es ist zwölf Uhr nachts.

Kennst du die Uhr?

1

2

„Wie spät ist es bitte?“ – „Es ist sieben Uhr.“
„Wie spät ist es bitte?“ – „Es ist halb acht.“
„Wie spät ist es bitte?“ – „Es ist halb acht.“

3

4

die Uhr – die Uhrzeit – die Stunde – die Minute

der kleine Zeiger – der große Zeiger – die Zeiger

Was machst du um ... Uhr?

1

Es ist halb fünf. – Es ist drei Uhr. – Es ist halb acht. – Es ist sechs Uhr. – Es ist halb zwölf.

Es ist halb sechs. – Es ist zwölf Uhr. – Es ist halb fünf. – Es ist halb elf. – Es ist neun Uhr.

2 *

Es ist acht Uhr morgens.
Ich ______________________.

Es ist halb zwei mittags.
Ich ______________________.

Es ist vier Uhr nachmittags.
Ich ______________________.

Es ist halb sieben abends.
Ich ______________________.

Es ist elf Uhr nachts.
Ich ______________________.

Wann ist das?

1

	richtig	falsch
Welche Jahreszeit ist auf dem Bild?		
Es ist Winter.	☐	☒
Welcher Monat ist auf dem Bild?		
Es ist April.	☐	☒
Welcher Wochentag/Tag ist auf dem Bild?		
Es ist Mittwoch.	☒	☐
Welches Datum ist auf dem Bild?		
Es ist der zweite Juli.	☒	☐
Welches Wetter ist auf dem Bild?		
Es ist windig.	☐	☒
Welche Tageszeit ist auf dem Bild?		
Es ist morgens.	☐	☒
Was tut Ioannis auf dem Bild?		
Er spielt Fußball.	☒	☐
Was tut Sophie auf dem Bild?		
Sie isst Salat.	☐	☒

Wie können wir fahren?

1

2

schnell		langsam	
das	Flugzeug	der	Bus
das	Auto	das	Schiff
der	Zug	das	Fahrrad
das	Motorrad	der	Lastwagen
die	U-Bahn	die	Straßenbahn
das	Taxi	das	Wohnmobil

3

schnell		langsam	
das	Motorrad	die	Straßenbahn
das	Taxi	das	Wohnmobil
die	U-Bahn	der	Lastwagen

Womit fahren wir in die Ferien?

1

Paul fährt **mit dem** Auto.

Joshua fährt mit dem Zug.

Aisha fliegt mit dem Flugzeug.

2

Lisa und Peter **fahren** mit dem Taxi.

Sophie und Diana fahren mit dem Schiff.

Michael und sein Vater fahren mit dem Fahrrad.

3

4

Diana, bitte geradeaus fahren!

Jakob, bitte rechts abbiegen!

Anna, bitte links abbiegen!

Michael, bitte anhalten!

Wie kommen die Kinder zur Schule?

1

Lisa **fährt** mit **der** U-Bahn **zur Schule**.

Jakob fährt mit der Straßenbahn zur Schule.

Diana fährt mit **dem** Bus zur Schule.

Anna, Michael und Paul **fahren** mit dem Auto zur Schule.

Buruk und Aisha fahren mit dem Fahrrad zur Schule.

Jakob, Maria und Ioannis gehen zu Fuß zur Schule.

2

3

Joshua steigt in den Zug ein.

Diana steigt in den Bus ein.

Aisha steigt in das Flugzeug ein.

Michael steigt in das Auto ein.

Lisa steigt aus der U-Bahn aus.

Jakob steigt aus der Straßenbahn aus.

Anna steigt aus dem Auto aus.

Wie ist der Weg zur Schule?

1

Maria **geht** zu Fuß **zur Schule**.

Buruk **fährt** mit dem Fahrrad zur Schule.

Diana fährt mit dem Bus zur Schule.

Jakob fährt mit der Straßenbahn zur Schule.

2

Diana steigt in den Bus ein.

Jakob steigt aus der Straßenbahn aus.

3

Maria geht geradeaus, rechts, links, geradeaus, rechts **und ist in der Schule**.

Buruk fährt links, geradeaus, links, links, rechts und ist in der Schule.

Jakob geht geradeaus, links, rechts, geradeaus, **steigt** in die Straßenbahn ein und **fährt in die** Schule.

Diana geht rechts, rechts, geradeaus, links, steigt in den Bus ein und fährt in die Schule.

Was ist dein Lieblingssport?

1

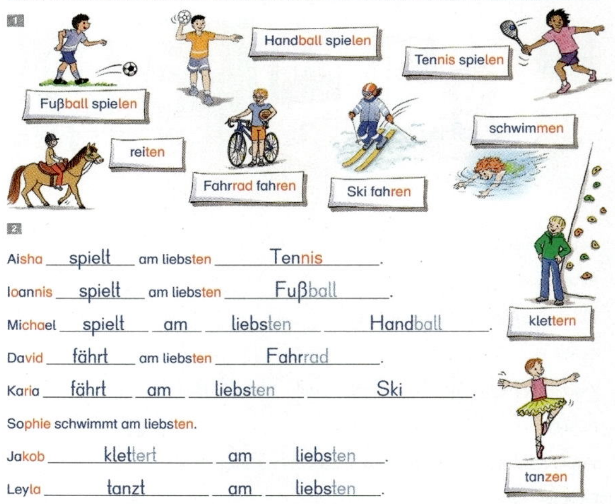

2

Aisha spielt am liebsten Tennis.

Ioannis spielt am liebsten Fußball.

Michael spielt am liebsten Handball.

David fährt am liebsten Fahrrad.

Karia fährt am liebsten Ski.

Sophie schwimmt am liebsten.

Jakob klettert am liebsten.

Leyla tanzt am liebsten.

Paul reitet am liebsten.

3

Wasser | Tiere | Musik

Warum macht ihr den Sport am liebsten?

Ich mag Wasser, deshalb schwimme ich am liebsten.

Ich mag Tiere, deshalb reite ich am liebsten.

Ich mag Musik, deshalb tanze ich am liebsten.

4 *

Ich mag ______________________

Lösungen (Seite 60–63)

Welche Sportart magst du? Welche magst du nicht?

1

Ioannis, du spielst Fußball. Ich spiele auch Fußball.

Maria, du schwimmst. Ich schwimme auch.

Ioannis, du kletterst. Ich klettere auch.

Maria, du fährst Ski. Ich fahre auch Ski.

Ioannis, du tanzt. Ich tanze auch.

2 Welche Sportart magst du nicht?

Ich gehe nicht gerne eislaufen.

Ich spiele nicht gerne Handball.

Ich spiele nicht gerne Tennis.

Ich fahre nicht gerne Fahrrad.

Ich reite nicht gerne.

3* Welche Sportart magst du? Welche magst du nicht?

Ich ______________________.

Ich ______________________.

 * individuelle Lösung

Welchen Sport macht ihr zusammen?

1

Jakob, du kletterst. Ich klettere auch.

Maria, du tanzt. Ich tanze auch.

Paul, du reitest. Ich reite auch.

2

Ich schwimme nicht gerne.

Ich spiele nicht gerne Tennis.

Ich spiele nicht gerne Handball.

3

Kannst du mir bitte helfen?

Das machst du gut!

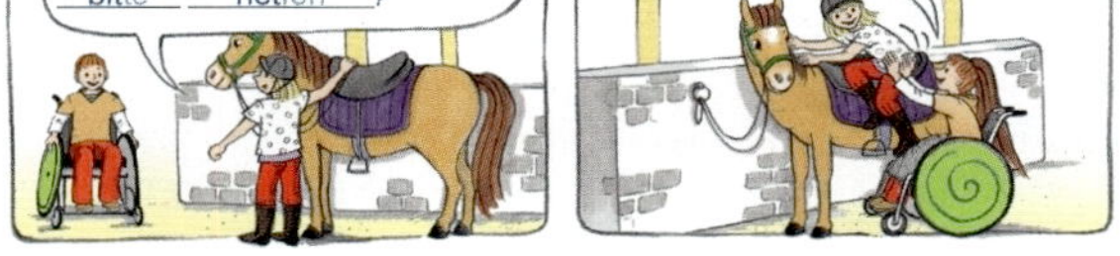

Wo sind sie?

1

Diana	steht [X] / sitzt [ ]	vor [X] / hinter [ ]	dem Bus [X] / dem Auto [ ]

Diana steht vor dem Bus.

Michael	steht [ ] / sitzt [X]	auf [ ] / neben [X]	dem Fahrrad [X] / dem Bus [ ]

Michael sitzt neben dem Fahrrad.

Peter	sitzt [X] / bastelt [ ]	auf [ ] / im [X]	Auto [X] / dem Tisch [ ]

Peter sitzt im Auto.

Michael	fährt [X] / läuft [ ]	im [ ] / hinter [X]	Auto [ ] / seinem Vater [X]

Michael fährt hinter seinem Vater.

Sophie	liegt [X] / sitzt [ ]	vor [ ] / im [X]	Anna [ ] / Bett [X]

Sophie liegt im Bett.

Die Katze	liegt [X] / sitzt [ ]	vor [X] / neben [ ]	Anna [X] / Ioannis [ ]

Die Katze liegt vor Anna.

Paul	schwimmt [ ] / reitet [X]	hinter [ ] / vor [X]	Jakob [ ] / Diana [X]

Paul reitet vor Diana.

Wem gehört ...?

1

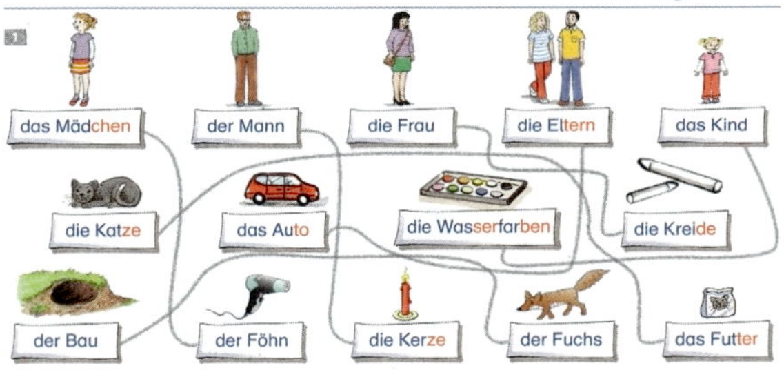

2

das Kind — der Mann — die Wasserfarben

der Föhn — die Frau — die Kreide

die Eltern — der Bau — die Kerze

3

Wem gehört das Futter? Es gehört der Katze.

Wem gehört das Auto? Es gehört den Eltern.

Wem gehört der Bau? Er gehört dem Fuchs.

Wem gehört die Kerze? Sie gehört dem Mann.

Wem gehört die Kreide? Sie gehört der Frau.

Wem gehört der Föhn? Er gehört dem Mädchen.

Wem gehören die Wasserfarben? Sie gehören dem Kind.

Ein Rätsel zum Schluss

	richtig	falsch
① Ioannis steht auf dem Balkon und winkt Aisha.	Ⓟ	A
② Das Kind kauft Blumen.	Ⓘ	E
③ Lisa steigt aus dem gelben Bus aus.	K	Ⓝ
④ Im Möbelgeschäft gibt es einen Fernseher.	L	Ⓖ
⑤ Die alte Frau möchte mit dem Bus fahren.	Ⓤ	I
⑥ Das Mädchen geht im Regen spazieren.	Ⓘ	A
⑦ Über dem Möbelgeschäft ist ein Regenbogen.	Ⓝ	B
⑧ Der Mann hat eine kleine Katze an der Leine.	M	Ⓐ
⑨ Auf dem Tisch steht ein großer Kuchen.	T	Ⓟ
⑩ Die Frau mit einer Brille verkauft Honig.	Ⓞ	E
⑪ Im roten Auto sitzen eine Frau und ein Kind.	S	Ⓣ

	richtig	falsch
⑫ Im Bach schwimmen drei Enten	Ⓗ	R
⑬ Im Bad hängt ein blaues Handtuch.	Ⓔ	K
⑭ Die Frau im roten Kleid kauft Fisch.	L	Ⓚ
⑮ Der Junge und sein kleiner Bruder fahren Fahrrad.	Ⓔ	A

P	I	N	G	U	I	N	-	A	P	O	T	H	E	K	E
1	2	3	4	5	6	7		8	9	10	11	12	13	14	15

Zu Hause

der Besen
das Bett
das Bild
der Boden
das Bügeleisen
die Ecke
der Fernseher
der Flur
der Herd
der Kühlschrank
die Lampe
der Schrank
die Schublade
der Sessel
das Sofa
das Telefon
der Teppich
der Tisch
der Topf
der Vorhang
die Wäsche
die Wäscheklammern
der Wäschekorb
die Wäscheleine
die Waschmaschine
die Wand

abstauben
abtrocknen
anziehen
aufhängen
aufräumen
aufstehen
bügeln
duschen
essen
föhnen
frühstücken
zur Schule gehen
gießen
kehren
kochen
leben
Hausaufgaben machen
putzen
schlafen
sortieren
spielen
spülen
staubsaugen
verbinden
waschen

öffnen
schließen
einschalten
ausschalten
brauchen
müssen
nicht verstehen
der Durst
der Hunger
das Pflaster
die Toilette
müde
das Mädchen
der Junge
die Frau
der Mann
das Kind

Das Wetter

das Wetter
das Gewitter
der Regen
der Sturm
der Blitz
der Hagel
der Schnee
der Wind
der Donner
der Nebel
die Sonne
die Wolke
das Eis
die Pfütze
der Regenbogen
der Schneemann
der Schirm
das Thermometer
messen
heiß
kalt
schwitzen
frieren
beobachten

Der Jahreskreis

das Jahr
der Winter
der Sommer
der Monat
die Woche
die Jahreszeit
der Frühling
der Herbst
der Tag
der Kalender
vorgestern
gestern
heute
morgen
übermorgen

Das Übungsheft Anschluss finden Deutsch – Wortschatztraining – Vorkurs II (1401-58) © Mildenberger Verlag

Der Jahreskreis

der Januar
der Februar
der März
der April
der Mai
der Juni
der Juli
der August
der September
der Oktober
der November
der Dezember

der Montag
der Dienstag
der Mittwoch
der Donnerstag
der Freitag
der Samstag
der Sonntag
das Wochenende

Die Uhrzeit

die Uhr
die Uhrzeit
die Stunde
die Minute
die Zeiger
der große Zeiger
der kleine Zeiger

Wie spät ist es?
Es ist drei Uhr.

morgens
mittags
nachmittags
abends
nachts

Verkehrsmittel

das Auto
der Bus
das Fahrrad
das Flugzeug
der Lastwagen
das Motorrad
das Schiff
die Straßenbahn
das Taxi
die U-Bahn
das Wohnmobil
der Zug

geradeaus
links
rechts
anhalten
einsteigen
aussteigen

schnell
langsam

der Freund
die Freundin
die Fahrkarte
der Euro
kosten

Sport

Basketball spielen
eislaufen
Fahrrad fahren
Fußball spielen
Handball spielen
klettern
reiten
schwimmen
Ski fahren
tanzen
Tennis spielen
cool

Kannst du mir bitte helfen?
Das machst du gut.
Anna, du tanzt. Ich tanze auch.
das Wasser
die Musik
Ich spiele nicht gerne Tennis.

Das kannst du jetzt alles

der Bau
die Eltern
das Fell
der Föhn
der Fuchs
das Futter
das Halsband
das Hobby
die Kerze
die Kreide
die Leine
der Stall
die Wasserfarben

brüllen
knurren
krabbeln
kriechen
schleichen
streicheln

Wem gehört das Auto?
Es gehört den Eltern.

Peter, Lisa, David, Diana, Ioannis, Sophie, Buruk, Leyla
Michael, Anna, Jakob, Maria, Joshua, Aisha, Paul, Karia

1

2

Wie können die Kinder helfen?

Die Kinder können ______ ______________

______ ______ ______________ ______________. 

Die Kinder können ______ ______________

______ ______ ______________ ______________. 

Die Kinder können ______ ______________

______ ______ ______________ ______________. 

Die Kinder können ______ ______________

______ ______ ______________ ______________. 

Was machen die Kinder?

1

2

Was macht Anna? Sie duscht.

Was macht Diana? ______ ____________.

______ ____________ Lisa? ______ ________________.

______ ____________ Aisha? ______ ________________.

______ ____________ Joshua? Er ____________ ______.

______ ____________ Michael? ______ ____________.

______ ____________ Ioannis? ______ ____________.

______ ____________ Jakob? ______ ____________ ______.

1

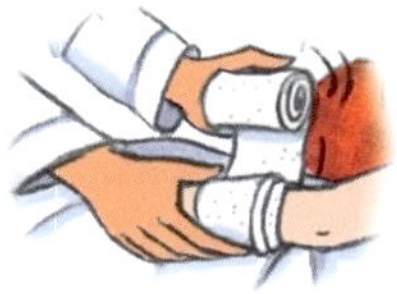

verbinden

föhnen

staubsaugen

gießen

abstauben

abtrocknen

2

Wer verbindet den Arm? — Ich verbinde den Arm.

Wer föhnt die Haare? — ______ ______________ ________ ______________.

Wer staubsaugt den Teppich? — ______ ______________ ________ ______________.

Wer gießt die Blumen? — ______ ______________ ________ ______________.

Wer staubt den Schrank ab? — ______ ______________ ________ ______________ ______.

Wer trocknet die Teller ab? — ______ ______________ ________ ______________ ______.

3

Verbindest du den Arm, Diana? — Nein, Ioannis verbindet den Arm.

F______________ du die Haare, Anna? — Nein, Diana ______________ die Haare.

S______________ du den Teppich, Buruk? — Nein, Anna ______________ den Teppich.

Gießt______________ du die Blumen, Joshua? — Nein, Buruk ______________ die Blumen.

S______________ du den Schrank ab, Karia? — Nein, Joshua ______________ den Schrank ab.

T______________ du die Teller ab, Ioannis? — Nein, Karia ______________ die Teller ab.

Was tust du?

1

1. Anna **steht auf.**
2. Sie **duscht**.
3. Sie **zieht sich an**.
4. Sie **frühstückt**.
5. Sie **geht in die Schule**.
6. Sie **isst zu Mittag**.
7. Sie **spült**.
8. Sie **macht Hausaufgaben**.
9. Sie **spielt**.
10. Sie **isst zu Abend**.
11. Sie **putzt die Zähne**.
12. Sie **schläft**.

2

Ich stehe ________.

________ ____________________.

________ ________________ mich ________.

________ ____________________________.

________ ________ ________ ________ ____________.

________ esse ________ ____________.

________ ____________________.

________ ____________ ______________________.

________ ____________________.

________ ____________ ________ ____________.

________ ____________ ________ ____________.

Ich ____schlafe____.

1

 ________ Vorhänge  ________ Besen 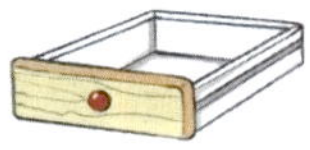 ________ Schublade

 ________ Lampe  ________ Flur  ________ Ecke

2

Bitte öffne die Vorhänge. 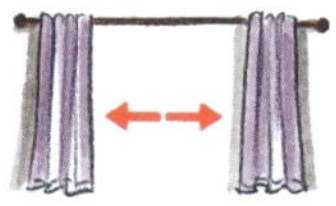 Ich öffne die Vorhänge.

Bitte schließe die Vorhänge.  ________ ________ ________ ________.

________ ________ ________ ________. 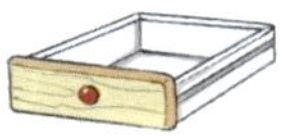 Ich öffne die Schublade.

Bitte stelle den Besen in die Ecke.  ________ ________ ________ ________ ________ ________ ________.

________ ________ ________ ________ ________.  Ich schalte die Lampe ein.

Bitte öffne den Schrank im Flur.  ________ ________ ________ ________ ________ ________.

3

Bitte stehe auf. ________ ________ ________. 

________ ________ ________ ________ ________. ________ ________ ________ ________ ________. 

________ ________ ________ ________. ________ ________ ________ ________. 

________ ________. ________ ________. 

Was ist los?

1

2 Karia, was ist los?

______ ______ meinen Teddy ______.

______ ______ ______ ______.

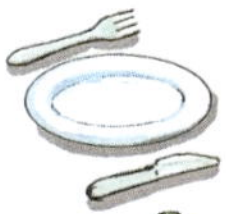

______ ______ ______.

______ ______ ______.

______ ______ ______ spielen.

______ ______ ______ ______.

______ ______ ______ ______ ______.

______ ______ ______.

3 Lisa, ______ ______ ______?

______ ______ meine Puppe ______.

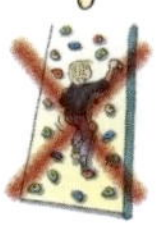

______ ______ ______ ______.

______ ______ ein Glas.

______ ______ meine Hände ______.

1

Leyla, wie ist das Wetter?
Es gibt Wolken.
Jakob, wie ist das Wetter?
Es gibt Wind.
Karia, wie ist das Wetter?
Es gibt Nebel.
Anna, wie ist das Wetter?
Es gibt Regen.
Lisa, wie ist das Wetter?
Es gibt Schnee.
David, wie ist das Wetter?
Es gibt Hagel.
Ioannis, wie ist das Wetter?
Es gibt ein Gewitter.
Peter, wie ist das Wetter?
Die Sonne scheint.

2

3

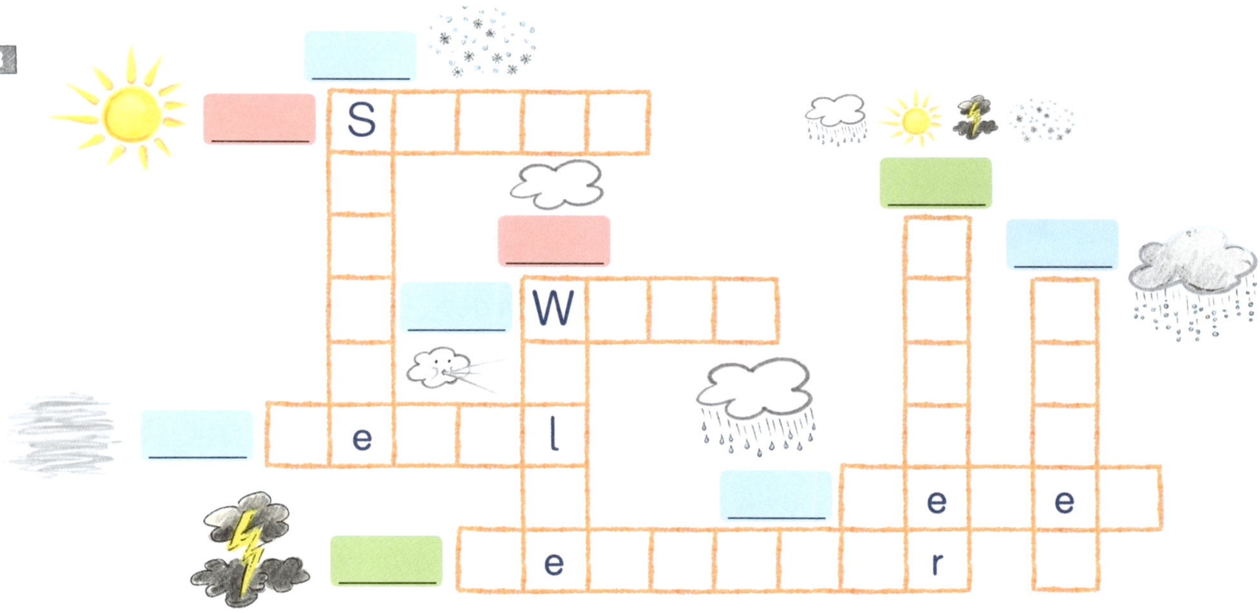
S
W
e
l
e
e
e
r

Wie kann das Wetter sein?

1

Eis

Pfütze

Schneemann

Regenbogen

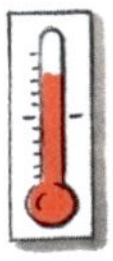
heiß

kalt

schwitzen

frieren

beobachten

2

 ___ ___

 ___ ___

 ___ ___

 ___ ___

 ___

 ___

 ___

 ___

 ___

3

Es ist ___.

Leyla, Aisha und Anna bauen einen ___.

Karia und Joshua ___.

Es ist ___.

David und Sophie ___.

Sie essen ein ___.

Es ___. ___ ___ scheint.

Michael und Maria spielen in der ___.

Sie ___ einen ___.

4

Wie ist das Wetter?

___

1

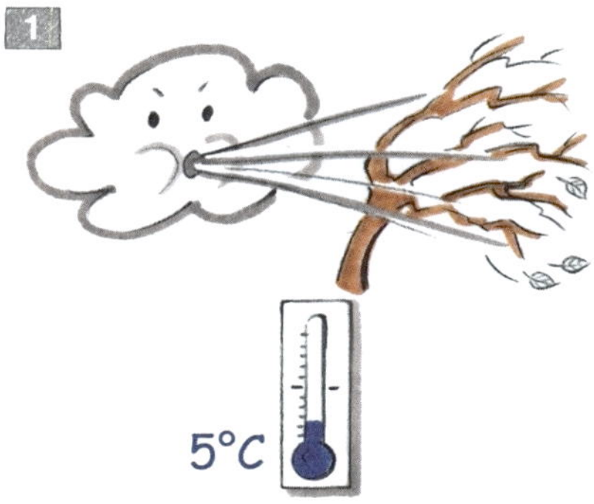

3. April | 4. April | 5. April

Am 4. April, **heute**, scheint die Sonne. Es ist warm. Wir **messen** 18°C auf dem **Thermometer**. Dann gibt es **Blitz** und **Donner**.

Am 5. April, **morgen**, gibt es Hagel. Es ist warm. Wir messen 25°C auf dem Thermometer.

Am 3. April, **gestern**, gab es **Sturm**. Es war kalt. Wir haben 5°C auf dem Thermometer gemessen.

2

der ____ Sturm ____ | ____ ________ | ____ ________

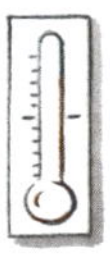

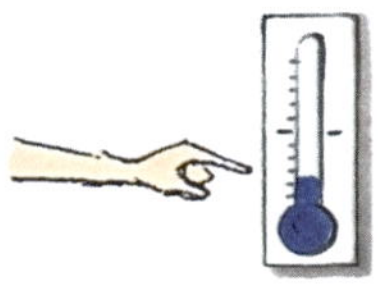

____ ________________ | ________________

________________ | heute | ________________

3

Es hagelt. | Es ist stürmisch. | der Blitz | Es schneit. | der Regen

Es blitzt. | der Hagel | der Wind | Es ist windig.

die Sonne | der Sturm | Es ist bewölkt. | der Schnee

Es ist sonnig. | die Wolke | der Donner | Es donnert. | Es regnet.

Was tragen sie bei welchem Wetter?

1

① Es regnet. ☐ ② Es schneit. ☐ ③ Es ist sonnig. ☐

④ Es blitzt und donnert. ☐ ⑤ Es ist bewölkt. ☐ ⑥ Es ist stürmisch. ☐

1	2	3	4	5	6

_______ _______________________

2

Leyla trägt **eine** Kappe, **ein** T-Shirt, **einen** Rock und Sandalen.

Wie ist das Wetter? Es ist sonnig und warm.

Anna trägt **eine** ______________, **einen** ______________, **eine** ______________,

______________________, ______________ und ______________________.

Wie _______ _______ ______________? Es ______________.

Karia trägt __________ __________ und ______________.

_______ _______ _______ ______________? Es ist ______________.

Jakob trägt __________ ______________, __________ ______________________,

_______ ____________________, _______ ____________ und ______________________.

_______ _______ _______ ______________? Es ______________.

der Regenhut ~~der Rock~~ der Schal der Schirm die Hose die Jacke
~~die Kappe~~ die Mütze die Regenjacke das Kleid ~~das T-Shirt~~ die Jeans
~~die Sandalen~~ die Schuhe die Winterstiefel die Gummistiefel die Handschuhe

1

_____ __________

_____ __________

_____ __________

_____ __________

_____ __________ _____ __________ _____ __________

2

Die erste Jahreszeit ist _____ __________.

_____ ________ ______________ ____ _____ __________.

_____ ________ ______________ ____ _____ __________.

_____ ________ ______________ ____ _____ __________.

3

① Diana trägt ein Kleid,
weil **es** im __________ warm ist.

② Anna trägt Handschuhe,
weil _____ _____ __________ ______ _____.

③ Joshua trägt ein T-Shirt,
_____ _____ _____ __________ ______ _____.

④ David trägt einen Schal,
_____ _____ _____ __________ __________ _____.

_____
1	2	3	4

Wie heißen die Monate?

1

______ ____________ ______ ____________ ______ ____________

______ ____________

______ ____________

______ ____________

______ ____________

______ ____________

______ ____________

______ ____________ ______ ____________ ______ ____________

2

Ich mag den Monat Juli. Juli ist im Sommer und es ist
☒ heiß. ☐ windig. ☐ kalt.

Ich mag ______ ____________ Oktober.
Oktober ist ______ ____________ und es ist
☐ heiß. ☐ windig. ☐ neblig.

______ ______ ______ ____________ Januar.
______ ______ ______ ____________ und es
☐ gibt Schnee. ☐ ist sonnig. ☐ regnet.

______ ______ ______ ____________ April.
______ ______ ______ ____________ und es ist
☐ bewölkt. ☐ warm. ☐ stürmisch.

1

Welche Jahreszeit magst du am liebsten?

Ich mag den ______________ am liebsten. Dann kann ich Ski fahren.

Ich mag den ____________ ______ ____________.
Dann __________ ________ Blumen pflücken.

______ ______ ______ ______________ ______ ______________.
Dann __________ ________ schwimmen gehen.

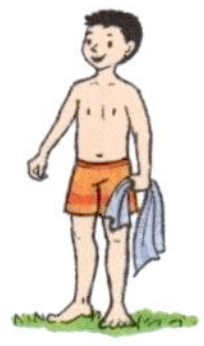

______ ______ ______ ______________ ______ ______________.
Dann __________ ________ Drachen steigen lassen.

2

Joshua geht gerne schwimmen. Im Sommer ist es heiß.
Im Sommer sind die Monate Juni, Juli und August.

Diana lässt gerne ______________ ____________. Im ___________
ist es ____________. Im ______________ sind die Monate
________________, ________________ und ________________.

Sophie fährt gerne ______. Im ______________ gibt es
____________. ______ ______________ ______
______ ______________ ______________, ______________
______ ______________.

Paul liest gerne ein ____________ im Garten. ______
______________ ______ ______ ______________.
______ ______________ ______ ______ ______________
__________, __________ ______ __________.

Wie heißen die Wochentage?

1

① Montag	② Dienstag	③ Mittwoch	④ Donnerstag	⑤ Freitag	⑥ Samstag ⑦ Sonntag ⑧ Wochenende
Sophie 	Ioannis 	Anna 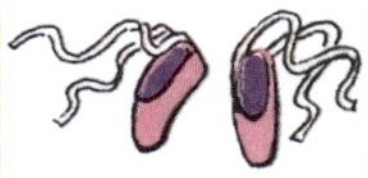	Aisha 	Paul 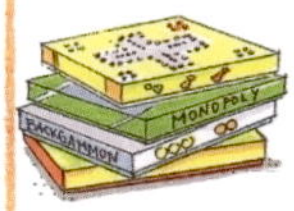	Michael Zzz Zzz Zzz

2

① ______ ______________________ ⑤ ______ ______________________

② ______ ______________________ ⑥ ______ ______________________

③ ______ ______________________ ⑦ ______ ______________________

④ ______ ______________________ ⑧ ______ ______________________

3

Ich gehe am ______________________ tanzen.

Ich spiele ______ ______________________ mit Freunden.

______ spiele ______ ______________________ Fußball.

______ gehe ______ ______________________ schwimmen.

______ spiele ______
______________________ Basketball.

______ schlafe ______ ______________________
und am ______________________.

1

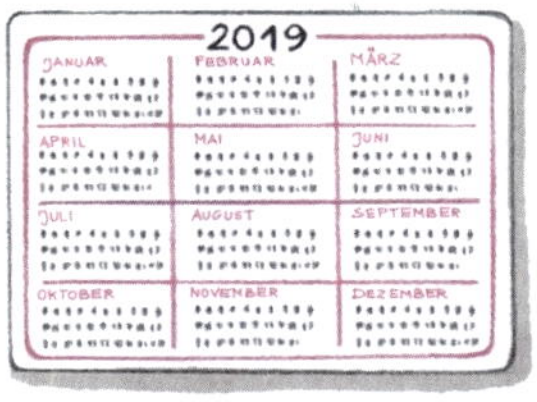

Dieser **Kalender** zeigt das **Jahr**.

Dieser ______________ zeigt den **Monat**.

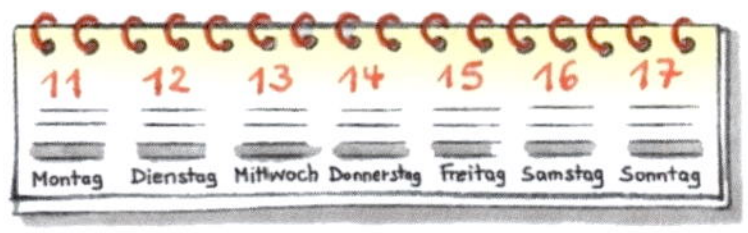

Dieser ______________ zeigt die **Woche**.

Dieser ______________ zeigt den **Tag**.

2

______ ______________________

______ ______________________

______ ______________________

______ ______________________

______ ______________________

______ Kalender

______ Jahre

______ Monate

______ Wochen

______ Tage

zeigen

er __________

3

______ ______________________

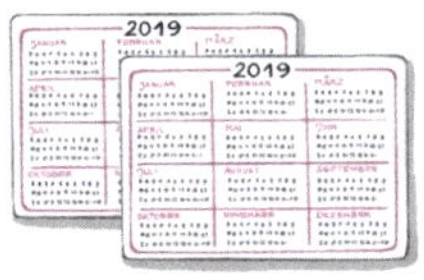

______ ______________________

______ ______________________

______ ______________________

______ ______________________

4

Jahreszeit   Monate   Wochentage

D	e	z	e	m	b	e	r	M		M		M	A	u	g	u	s	t	F				
	A			J	a	n	u	a	r	o		i		S	o	m	m	e	r		H		
	p			u			D	i	e	n	s	t	a	g					e		e		
F	r	ü	h	l	i	n	g			t		t				J	u	n	i		r		
	i		M	i	S	a	m	s	t	a	g	w					O	k	t	o	b	e	r
	l		ä	S	o	n	n	t	a	g	D	o	n	n	e	r	s	t	a	g	s		
F	e	b	r	u	a	r						c	W	i	n	t	e	r	g		t		
			z	N	o	v	e	m	b	e	r	h			S	e	p	t	e	m	b	e	r

Heute, gestern oder morgen?

1

vorgestern | **gestern** | **heute** | **morgen** | **übermorgen**

2

5. Mai: Leyla und Buruk gehen heute ____________________.

6. Mai: Sie spielen ________________ ____________________.

7. Mai: Sie spielen ____________________ ________ ________________.

4. Mai: Sie haben ___gestern___ ____________________ gespielt.

3. Mai: Sie haben ____________________ Bücher gelesen.

3

Was macht ihr **heute**?

Wir spielen ____________ Fußball.

________ ____________ ______ **morgen**?

Wir spielen ____________ mit Freunden.

________ ____________ ______ ____________________?

Wir gehen ______________ schwimmen.

Was habt ihr **gestern** gemacht?

Wir haben ____________ Basketball gespielt.

________ ____________ ________ ____________ ____________?

Wir haben ______________ Bücher gelesen.

1

2

Januar ist der erste Monat.

________ ist der zweite Monat.

________ ist der ________ Monat.

________ ist der ________ Monat.

________ ist der ________ Monat.

________ ist der ________ Monat.

________ ist der ________ Monat.

________ ist der ________ Monat.

________ ist der ________ Monat.

________ ist der ________ Monat.

________ ist der ________ Monat.

________ ist der ________ Monat.

Wie schreibe ich das Datum?

1

4. Mai Donnerstag

der zweite August

6. Dezember Samstag

5. Januar Freitag

der sechste Dezember

der dritte Juni

1. Februar Montag

der erste Februar

der fünfte Januar

der vierte Mai

7. Oktober Sonntag

3. Juni Mittwoch

2. August Dienstag

der siebte Oktober

2

Montag ist der erste Februar.

__________ ist der __________ __________.

__________ ist der __________ __________.

__________ ist der __________ __________.

__________ ______ ______ __________ __________.

__________ ______ ______ __________ __________.

__________ ______ ______ __________ __________.

3

Welches Datum ist heute?

7.10.2017

Heute ist der 7.10.2017.

Welches Datum ist heute?

4.5.2019

__________ __________

______ __________.

Welches __________ ist __________?

__________ __________

______ __________.

1

Es ist ein Uhr.

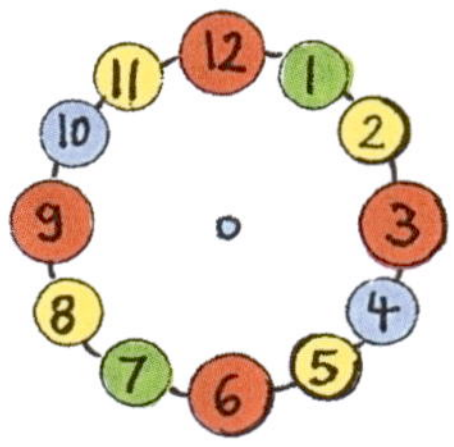

Es ist drei Uhr.

Es ist zehn Uhr.

Es ist zwei Uhr.

2

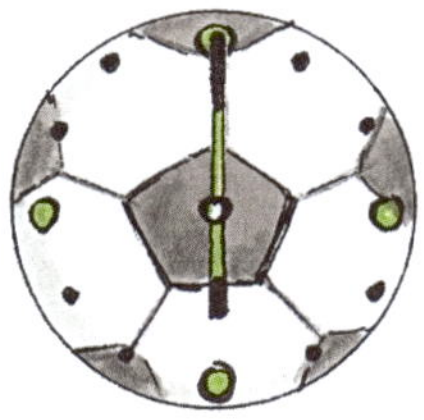

_______ _______

_________ _______.

_______ _______

_________ _______.

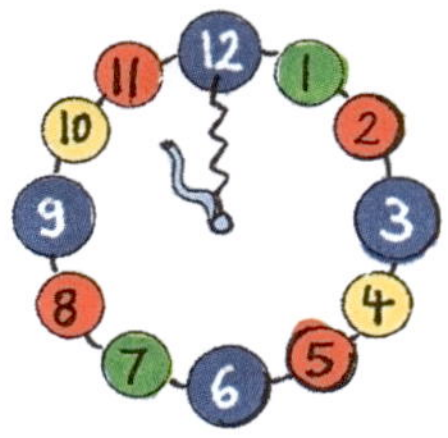

_______ _______

_________ _______.

_______ _______

_________ _______.

3

Es ist _________ _______ morgens.
Ich gehe zur Schule.

Es ist _________ _______ mittags.
Ich esse mein Mittagessen.

Es ist _________ _______ nachmittags.
Ich mache meine Hausaufgaben.

Es ist _________ _______ abends.
Ich lese ein Buch.

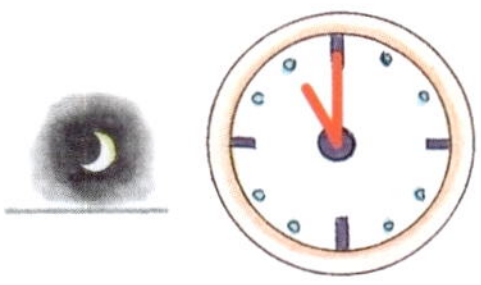

Es ist _________ _______ nachts.
Ich schlafe.

4

Wie spät ist es?

 Es ist _________ Uhr _______________.

_______ _________ _______ _______?  Es ist _________ Uhr _______________.

_______ _________ _______ _______?  Es ist _________ Uhr _______________.

_______ _________ _______ _______?  Es ist _________ Uhr _______________.

_______ _________ _______ _______?  Es ist _________ Uhr _______________.

Kennst du die Uhr?

1

2

 „Wie spät ist es bitte?“

 „_____ _____ _____ _____ _____?“

 „_____ _____ _____ _____ _____?“

 „_____ _____ _____ _____.“

 „_____ _____ _____ _____.“

 „_____ _____ _____ _____.“

3

die Uhr

Uhrzeit

Stunde

Minute

der kleine Zeiger

der große Zeiger

die Zeiger

4

_____ _____ | _____ _____ | _____ _____ | _____ _____

_____ _____ _____ | _____ _____ _____ | _____ _____

1

Es ist halb fünf. ______ ______ ______. ______ ______ ______. ______ ______ ______. ______ ______ ______.

______ ______ ______. ______ ______ ______. ______ ______ ______. ______ ______ ______. ______ ______ ______.

2

Es ist ______ ______ morgens.

Ich ______________________________.

______ ______ ______ ______ ______.

Ich ______________________________.

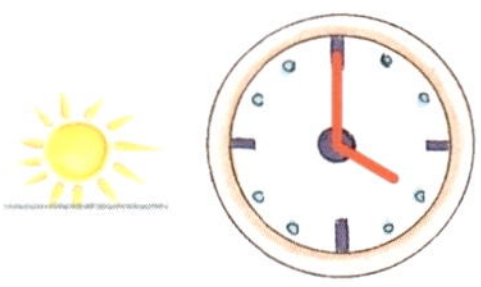

______ ______ ______ ______ ______.

______ ______________________________.

______ ______ ______ ______ ______.

______ ______________________________.

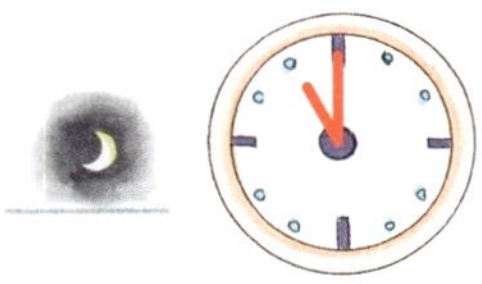

______ ______ ______ ______ ______.

______ ______________________________.

Wann ist das?

1

Welche Jahreszeit ist auf dem Bild?	richtig	falsch
Es ist Winter.	☐	☐
Welcher ______________ ist auf dem Bild?		
Es ist April.	☐	☐
Welcher ______________ _______ _______ _______ _________?		
Es ist Mittwoch.	☐	☐
Welches ______________ _______ _______ _______ _________?		
Es ist der zweite Juli.	☐	☐
Welches ______________ _______ _______ _______ _________?		
Es ist windig.	☐	☐
Welche Tageszeit _______ _______ _______ _________?		
Es ist morgens.	☐	☐
Was tut Ioannis _______ _______ _________?		
Er spielt Fußball.	☐	☐
Was tut Sophie _______ _______ _________?		
Sie isst Salat.	☐	☐

1

2

schnell

 Motorrad

 U-Bahn

 Taxi

langsam

 Lastwagen

 Straßenbahn

 Wohnmobil

3

Womit fahren wir in die Ferien?

1

Paul fährt **mit dem** Auto.

Joshua ________ ________ ________ ________.

Aisha fliegt ________ ________ ________. ⚠

2

Lisa und Peter **fahren** ________ ________ ________.

Sophie und Diana ________ ________ ________ ________.

Michael und sein Vater ________ ________ ________ ________.

3

4

 Diana, bitte ________ fahren!

 Jakob, ________ ________ abbiegen!

 Anna, ________ ________ ________!

Michael, ________ ________!

1

Lisa **fährt** ___mit___ **der** ___U-Bahn___ **zur Schule**.

Jakob ________ ______ ______ ______________

______ ________.

Diana fährt ______ **dem** ______ ______ ________.

Anna, Michael und Paul **fahren** ______ ______ ______

______ ________.

Buruk und Aisha ________ ______ ______ ________

______ ________.

Jakob, Maria und Ioannis gehen zu Fuß ______ ________.

2

3

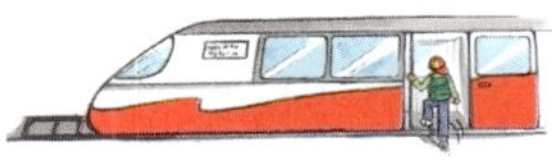

Joshua steigt ___in___ den ___Zug___ ein.

Diana ________ ______ den ______ ______.

Aisha ________ ______ das ____________ ______.

Michael ________ ______ das ________ ______.

Lisa ________ ___aus___ der ____________ ___aus___.

Jakob ________ ______ der ______________ ______.

Anna ________ ______ dem ________ ______.

Wie ist der Weg zur Schule?

1

Maria **geht** ______ ________ **zur Schule**.

Buruk **fährt** ______ ______ ____________ ______ ____________.

Diana _________ ______ ______ ________ ______ ____________.

Jakob _________ ______ ______ ________________________

______ ____________.

2

Diana _________ ______ ______ ________ ______.

Jakob _________ ______ ______ ______________________ ______.

3

Maria geht ________________, __________, __________, ________________,

__________ **und ist in der Schule**.

Buruk fährt __________, ________________, __________, __________, __________ und

______ ______ ______ ____________.

Jakob geht ________________, __________, __________, ________________, **steigt**

______ ______ ______________________ ______ und **fährt in die** Schule.

Diana geht __________, __________, ________________, __________, __________

______ ______ ________ ______ und ________ ______ ______ ____________.

1

2

Aisha ___spielt___ am liebsten ___Tennis___.

Ioannis ______ am liebsten ______________.

Michael ______ ______ ______ ______________.

David ___fährt___ am liebsten ______________.

Karia ______ ______ ______ ______________.

Sophie schwimmt am liebsten.

Jakob ______________ ______ ______________.

Leyla ______________ ______ ______________.

Paul ______________ ______ ______________.

3

Warum macht ihr den Sport am liebsten?

Ich mag ______________, deshalb schwimme ich am liebsten.

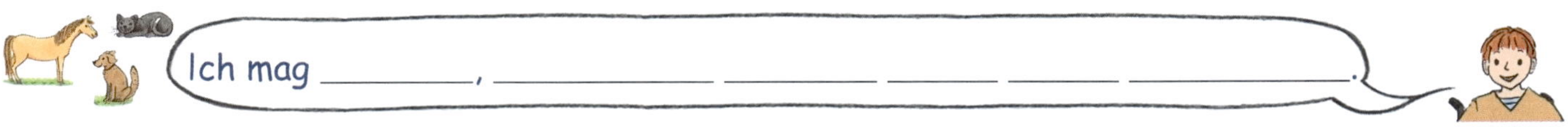

Ich mag ______, ______ ______ ______ ______ ______.

Ich mag ______, ______ ______ ______ ______ ______.

4

Ich mag ____

Welche Sportart magst du? Welche magst du nicht?

1

Ioannis, du spielst Fußball. Ich spiele auch ______.

Maria, ______ schwimmst. ______ ______ ______.

Ioannis, ______ ______. ______ ______ ______.

Maria, ______ ______ Ski. ______ ______ ______ ______.

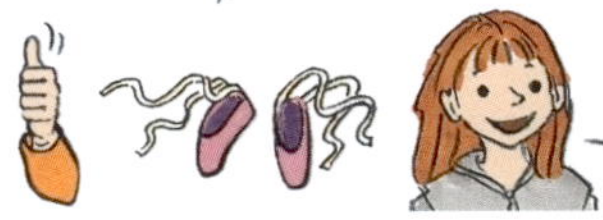

Ioannis, ______ ______. ______ ______ ______.

2 Welche Sportart magst du nicht?

Ich gehe nicht gerne eis______.

______ ______ ______ ______ ______.

______ ______ ______ ______ ______.

______ ______ ______ ______ ______.

______ ______ ______ ______.

3 Welche Sportart magst du? Welche magst du nicht?

Ich ______________________________.

Ich ______________________________.

1

Jakob, du kletterst.
Ich klettere auch.

Maria, du tanzt.
Ich ____________ ____________.

Paul, du reitest.
Ich ____________ ____________.

2

Ich schwimme nicht gerne.

Ich spiele nicht gerne ________________.

Ich ____________ ____________
____________ ____________________.

3

Wo sind sie?

1

Diana | steht ☒ | vor ☐ | dem Bus ☐.
--- | sitzt ☐ | hinter ☐ | dem Auto ☐.

Diana steht ______________________________.

Michael | steht ☐ | auf ☐ | dem Fahrrad ☐.
--- | sitzt ☐ | neben ☐ | dem Bus ☐.

______________________________.

Peter | sitzt ☐ | auf ☐ | Auto ☐.
--- | bastelt ☐ | im ☐ | dem Tisch ☐.

______________________________.

Michael | fährt ☐ | im ☐ | Auto ☐.
--- | läuft ☐ | hinter ☐ | seinem Vater ☐.

______________________________.

Sophie | liegt ☐ | vor ☐ | Anna ☐.
--- | sitzt ☐ | im ☐ | Bett ☐.

______________________________.

Die Katze | liegt ☐ | vor ☐ | Anna ☐.
--- | sitzt ☐ | neben ☐ | Ioannis ☐.

______________________________.

Paul | schwimmt ☐ | hinter ☐ | Jakob ☐.
--- | reitet ☐ | vor ☐ | Diana ☐.

______________________________.

1

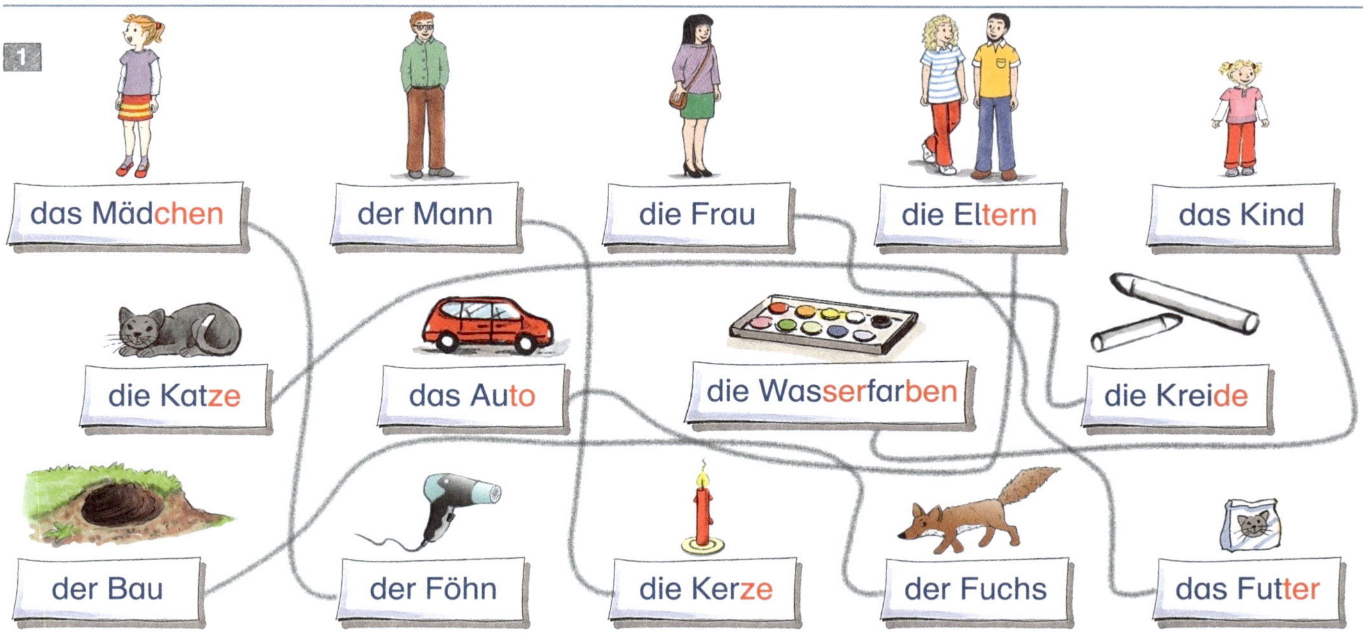

2

________ ______________

________ ______________

________ ____________________________

________ ______________

________ ______________

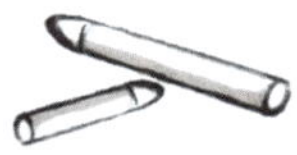

________ ______________

________ ______________

________ ______________

________ ______________

3

Wem gehört das Futter? **Es gehört** der Katze.

____________ ____________ ________ Auto? ________ ______________ den _______________.

____________ ____________ ________ Bau? Er ______________ dem _______________.

____________ ____________ ________ Kerze? ________ ______________ dem _______________.

____________ ____________ ________ Kreide? Sie ______________ der _____________.

____________ ____________ ________ Föhn? ________ ______________ dem ____________________.

____________ gehören ________ ___________________________? Sie gehören dem _____________.

	richtig	falsch
① Ioannis steht auf dem Balkon und winkt Aisha.	P	A
② Das Kind kauft Blumen.	I	E
③ Lisa steigt aus dem gelben Bus aus.	K	N
④ Im Möbelgeschäft gibt es einen Fernseher.	L	G
⑤ Die alte Frau möchte mit dem Bus fahren.	U	I
⑥ Das Mädchen geht im Regen spazieren.	I	A
⑦ Über dem Möbelgeschäft ist ein Regenbogen.	N	B
⑧ Der Mann hat eine kleine Katze an der Leine.	M	A
⑨ Auf dem Tisch steht ein großer Kuchen.	T	P
⑩ Die Frau mit einer Brille verkauft Honig.	O	E
⑪ Im roten Auto sitzen eine Frau und ein Kind.	S	T

	richtig	falsch
⑫ Im Bach schwimmen drei Enten.	H	R
⑬ Im Bad hängt ein blaues Handtuch.	E	K
⑭ Die Frau im roten Kleid kauft Fisch.	L	K
⑮ Der Junge und sein kleiner Bruder fahren Fahrrad.	E	A

1	2	3	4	5	6	7	–	8	9	10	11	12	13	14	15
							–								